本专著由四川师范大学国际中文教育学院资助

特别感谢：

本专著在本人博士学位论文的基础上修改而成，特别感谢我的博士生导师现北京语言大学、原中山大学周小兵教授

刘娅莉　著

"X+N"表人派生词的
二语习得研究

中国社会科学出版社

图书在版编目（CIP）数据

"X+N"表人派生词的二语习得研究／刘娅莉著.
北京：中国社会科学出版社，2024.10. -- ISBN 978-7-
5227-4299-1

Ⅰ. H195.3

中国国家版本馆 CIP 数据核字第 20246LZ425 号

出 版 人	赵剑英
责任编辑	张 林
责任校对	李 锦
责任印制	戴 宽

出 版	中国社会科学出版社
社 址	北京鼓楼西大街甲 158 号
邮 编	100720
网 址	http://www.csspw.cn
发 行 部	010 - 84083685
门 市 部	010 - 84029450
经 销	新华书店及其他书店

印 刷	北京明恒达印务有限公司
装 订	廊坊市广阳区广增装订厂
版 次	2024 年 10 月第 1 版
印 次	2024 年 10 月第 1 次印刷

开 本	710×1000 1/16
印 张	12.25
插 页	2
字 数	163 千字
定 价	66.00 元

目　　录

第 一 章

绪　　论

1.1　选题缘起

1.1.1　构词法在现代汉语词汇研究中的地位

现代汉语词汇的专门研究，从 20 世纪 50 年代开始（刘叔新①），距今已有 60 年历史。总的来看，研究进展较慢，有深度的论著不多，重大的成果也少。和现代汉语语法的研究比起来，是远远落在后面的。词汇研究始终比较薄弱，原因很多。比如，共时词汇学历史上无研究模式和方法可以借鉴，词汇十分庞杂而不易从中看出规律。董秀芳进一步阐释了原因，这"是因为词汇系统内部成员众多，成员的特异性又较强，因此词汇系统内部具有较大的异质性；而且词汇是变动最快的，既不断有新的成员加入，也不断有旧的成员退出，这都为研究词汇带来了很多困难"。②

词汇系统的运作需要两个部分，一是词库，二是构词法。词库是一个语言中需要记忆的所有词汇单位的集合；对构词法的传统定义是关于词的结构、形式和类别的规则，对构词法的新的理

---

① 刘叔新：《对准词汇的重要方面——现代汉语词汇研究取向刍议》，载刘坚、侯精一主编《中国语文研究四十年纪念文集》，北京语言学院出版社 1993 年版。

② 董秀芳：《汉语的词库与词法》，北京大学出版社 2004 年版，第 1 页。

解是将其看作可以生成被语言使用者接受的词的规则系统。词库是显性的，可以直接观察；而构词法规则是隐形的，较难观察。因此，我们只能通过外显的词库来研究内在的构词法①。可见，研究词库的目的是对构词法进行描写，这是词汇系统研究的核心任务之一。

1.1.2　构词法在词汇学习与教学中的地位

在第二语言习得研究中，词汇习得研究是一个越来越受重视的领域（江新②；宋刚③；孙晓明④；王瑞⑤）。Lewis 认为，词汇学习是二语习得的中心任务。⑥ Meara 也指出，词汇能力是语言交际能力的核心问题。⑦ 近十几年来，词汇教学和习得研究的重要性也得到了汉语二语教学界的广泛关注。不少学者认为，学习者在汉语学习和交际中遇到的困难，在很大程度上是词汇的困难（陈贤纯⑧；何干俊⑨；张和生⑩）。

在汉语作为第二语言教学中，杨惠元认为，词语教学自始至终

---

① 董秀芳：《汉语的词库与词法》，北京大学出版社 2004 年版，第 2 页。

② 江新：《词汇习得研究及其在教学上的意义》，《语言教学与研究》1998 年第 3 期。

③ 宋刚：《国外第二语言词汇习得研究综述》，《语言教学与研究》2002 年第 1 期。

④ 孙晓明：《国内外第二语言词汇习得研究综述》，《语言教学与研究》2007 年第 4 期。

⑤ 王瑞：《母语为英语的汉语学习者词汇心理表征发展过程与造词偏误的心理机制研究》，博士学位论文，北京语言大学，2009 年。

⑥ Lewis, M., *The Lexical Approach*, London: Language Teaching Publications, 1993.

⑦ Meara, P., "The dimensions of lexical competence", in Gillian, B., Malmkjoer, K. and Willians, J. (eds.) *Performance and Competence in Second Language Acquisition*, Cambridge: Cambridge University Press, 1996.

⑧ 陈贤纯：《对外汉语中级阶段教学改革构想——词语的集中强化教学》，《世界汉语教学》1999 年第 4 期。

⑨ 何干俊：《对英语国家留学生汉语教学中的词汇问题的探讨》，《江西师范大学学报》2002 年第 3 期。

⑩ 张和生：《外国学生汉语词汇学习状况计量研究》，《世界汉语教学》2006 年第 1 期。

都应该放在语言要素教学的中心位置。① 盛炎也指出词汇教学的重要性："在第二语言教学中，词汇是最容易学习的部分，也是最难学习的部分。说它容易，是因为一个词对其他部分影响不太大，不像语音、语法影响那么广；说它难，是因为词汇学习没有尽头。在词汇教学中，教什么样的词？什么时候开始教？怎样教？这是应用语言学家和语言教师历来所关心的问题。"②

词汇的教学应该包括哪些成分？先看我国母语教学的发展：1980 年全国语法和语法教学讨论会对《暂拟汉语教学语法系统》作了重要的修订。1984 年公布了《中学教学语法系统提要》，其中一个重要变动就是将原来确定的语法三级单位向两头扩展为语素、词、词组、句子、句群五级语法单位。语素作为语法中最低一级单位开始纳入教学内容。然而，现行汉语作为二语语法教学中只有词、词组、句子三级语法单位。词被认为是最低一级的语法单位。关于词的教学只涉及词类的划分、词在句中的语法功能及词语的教学等，构词法是汉语作为二语教学中的一个空白。但语素和构词法的教学对外国人学习汉语很有必要。除了有助于汉字的认记、错别字的消除以外，还可以大大提高学生学习词汇、掌握词汇、扩大词汇以及正确运用词汇的能力③。

1.1.3 二语学习者 "X + N" 表人派生词的构词偏误

在日常的汉语教学中，我们发现，汉语作为二语学习者在使用施事名词后缀，构成表人名词时出现了以下偏误：

① 杨惠元：《强化词语教学，淡化句法教学——也谈对外汉语教学中的语法教学》，《语言教学与研究》2003 年第 1 期。

② 盛炎：《语言教学原理》，重庆出版集团重庆出版社 1990 年版，第 269 页。

③ 吕文华：《建立语素教学的构想》，载《第六届国际汉语教学讨论会论文选》，北京大学出版社 2000 年版；载孙德金主编《对外汉语词汇及词汇教学研究》，商务印书馆 2006 年版，第 275 页。

遗漏偏误，如：

(1)*我知道中国地震时，我去捐款。<u>捐者</u>很多，我见到了很多同学。（作文语料，中级，意大利）

替代偏误，如：

(2)*我父母已经在美国居住了几十年，他们是美国<u>居人</u>。（作文语料，高级，美国）

(3)?那个时我觉得我的男朋友是<u>疯人</u>，我分手。（作文语料，中级，日本）

误加偏误，如：

(4)*她是漂亮的<u>妈妈人</u>。（作文语料，初级，越南）

以上4例中，汉语母语者选用的词分别是"捐款者、居民、疯子、妈妈"。这说明，二语者不了解X的入词条件、表人后缀N的选用条件与隐现条件，造成偏误。

1.1.4 "X+N"表人派生词的研究现状与教学现状

现代汉语派生词中，分布最为密集的是由施事名词后缀/类后缀派生而成的表人名词，即由词根与"家""者""手""员""工""人""师""匠"等后缀/类后缀组合而成的派生名词。

这一类派生名词，现代汉语的研究现状是：本体研究多，汉语作为二语习得与教学研究少。

本体研究中，从构词法的角度进行的宏观研究多，描写单个词缀/类词缀构词条件的研究少；抽样式的定性研究多，建立在大规模统计基础上的定量研究少。汉语作为二语的习得与教学中，偏误研究少；习得研究几乎空白；教学试验研究几乎空白。

在实际的汉语作为二语教学中，这一系列指称人的后缀/类后缀，以及由它们派生而成的表人名词，尽管数量大，却总是被教师和教材忽略。

1.2 研究范围、研究目的、研究方法

1.2.1 研究范围

从二语习得的角度，Melka 将二语词汇分为"接受性词汇"和"产出性词汇"两类①。该书的研究对象是产出性派生词。综合张斌②、李华③、张博④等的研究，我们将考察的范围界定在由以下 38 个表人后置定位语素组合而成的词上。

－才、－虫、－蛋、－丁、－夫、－哥、－工、－倌、－鬼、－棍、－汉、－户、－家、－匠、－姐、－客、－佬、－盲、－妹、－迷、－民、－派、－人、－嫂、－生、－师、－士、－手、－头、－徒、－翁、－星、－爷、－友、－员、－者、－子、－族（按音序）

由于语法功能上，这 38 个表人语素都具有"名词化"的语法功能，即构成一个名词性结构⑤，故标记为"Noun"，简称为"N"。与它们组合的语言结构，性质比较自由，可以是语素、词、词组；词性也比较自由，可以是名词性、动词性、形容词性等，我们简称为"X"。派生而成的词，我们简称为"X ＋ N"。

---

① Melka Teichroew, F. J. , "Receptive versus productive vocabulary: a survey", *Interlanguage Studies Bulletin*, 1982, 6（2）: 5 - 33.

② 张斌主编：《新编现代汉语》，复旦大学出版社 2002 年版，第 172—175 页。

③ 李华：《现代汉语表人名词后缀、类后缀考察》，硕士学位论文，北京语言大学，2003 年，第 3 页。

④ 张博：《第二语言学习者汉语中介语易混淆词及其研究方法》，《语言教学与研究》2008 年第 6 期。

⑤ 朱德熙：《自指和转指——汉语名词化标记"的、者、所、之"的语法功能和语义功能》，《方言》1983 年第 1 期。

但"X"的语义不同，"N"的性质也就不同。根据 X 的语义和 N 的性质（详见第二章），我们将 N 做了如下划分。

词根 N：人1（男人）、民1（市民）、族1（汉族）、子1（长子）、士1（将士）、丁1（壮丁）、夫1（姐夫）、生1（男生）、汉1（硬汉）、佬1（阔佬）、匠1（木匠）、工1（泥工）、倌1（羊倌）、客1（游客）、师1（导师）、徒1（学徒）、友1（校友）、员1（会员）、头1（工头）、家1（船家）、户1（船户）、才1（将才）、虫1（糊涂虫）、爷1（大爷）、哥1（大哥）、姐1（大姐）、妹1（小妹）、嫂1（大嫂）、翁1（渔翁）。

类词缀 N：人2（音乐人）、民2（烟民）、族2（上班族）、子2（胖子）、士2（护士）、丁2（园丁）、夫2（车夫）、生2（医生）、汉2（门外汉）、佬2（美国佬）、匠2（巨匠）、工2（职工）、倌2（老倌）、客2（黑客）、师2（会计师）、徒2（匪徒）、友2（球友）、员2（演员）、迷（球迷）、盲（文盲）、鬼（烟鬼）、手（鼓手）、头2（老头）、家2（科学家）、户2（暴发户）、才2（庸才）、虫2（书虫）、蛋（混蛋）、棍（光棍）、派（学派）、星（明星）、爷2（款爷）、哥2（帅哥）、姐2（的姐）、妹2（打工妹）、嫂2（空嫂）、翁2（富翁）、者（记者）。

典型词缀 N：人3（客人）、子3（儿子）、家3（老人家）。

尽管本书研究的出发点是"派生词"，即"X"附加上"类词缀 N""典型词缀 N"派生而成的词。但鉴于在整个发展过程中，词根 N、类词缀 N 和词缀 N 的习得，是一个连续的过程，也是一个有机的整体。若只考察类词缀 N 和词缀 N 的习得，丢弃词根 N 的习得，便无法展示习得过程的全貌，显然是不合理的。因此，本书将研究对象定在所有的"X＋N"表人名词上，既包括"X＋类词缀 N""X＋典型词缀 N"，也包括"X＋词根 N"。

此外，在"X＋N"是否为"词"的界定上，鉴于汉语词和短语界限的模糊性，同时基于对外汉语教学中"易教易学"的原则，我们采用陆志韦等①、董秀芳②对词的较为宽松的界定，统一将由"X+N"词法模式造出的不带"的"的形式全部看成词。但不包括"数量+N"结构（如："一个人"）、"指示代词+（量）+N"（如："那（个）人"）、"数+N"结构（如："两人"）等。

1.2.2 研究目的

Hakuta 认为二语习得研究的目的是：描述学习者的语言规则系统，即归纳学习者在每个学习阶段出现的语言范畴的性质；并尝试去解释学习者发展出这一特殊的语言范畴的原因。③ Rutherford 也表述了类似的看法：二语习得研究目的在于，了解学习者习得了什么；怎样习得的；在什么时候习得的；以及造成这些问题的原因是什么，即"为什么"。④

关于"X+N"表人名词，我们同样希望解决上述问题。拟回答的问题如下。

（1）被试在词间联想活动中，是如何提取表人名词的？其中，又是如何提取"X+N"这一类表人名词的？不同汉语水平的二语者呈现出哪些不同？二语者与母语者有哪些共性？二语者又呈现出哪些个性？（详见第三章）

（2）在上述词间联想活动中，不同母语背景的学习者（以越南语为母语的学习者、以韩国语为母语的学习者、以英语为母语的学

---

① 陆志韦等：《汉语的构词法》（修订本），科学出版社 1957 年版。

② 董秀芳：《汉语的词库与词法》，北京大学出版社 2004 年版，第 98—107 页。

③ Hakuta, K., "Some common goals for second and first language acquisition research", in Roger Andersen (ed.), *New Dimensions in Second Language Acquisition Research*, Rowley, Mass: Newbury House Publishers, 1981.

④ Rutherford, W., "Markedness in second language acquisition", *Language Learning*, 1982, 32: 85 – 107.

习者）是否有差异？如何从语言类型学的角度进行解释？（详见第三章）

（3）词根 N、类词缀 N、词缀 N 的习得过程如何？与 N 的语义泛化过程是否一致？二语者与母语者有何共性？二语者又有何个性？此外，该习得研究，对本体的研究又有何贡献？（详见第四章）

（4）"X＋人"词族的习得过程如何？该习得过程的起因是什么？推动力是什么？阻力又是什么？出现了哪些偏误词？二语者与母语者呈现哪些共性？二语者又呈现出哪些个性？如何解释？（详见第五章）

（5）接受词法规则、发现词法规则、背诵，哪一种教学处理有促进作用？哪一种没有？此外，即时测试下的成绩和延时测试下的成绩，呈现出哪些相同，哪些不同？如何从认知心理学的角度进行解释？本书以中级汉语学习者学习"VP＋者"为例，进行了教学实验研究。（详见第六章）

（6）现有国际汉语教材对词根词缀派生法是否足够重视？我们使用 Schmitt 的词汇巩固策略系统，对 5 部经典汉语作为二语教材的练习（儿童教材 2 部、成人教材 3 部）进行了考察。（详见第七章）

1.2.3　研究方法

（1）横向群案测试

对象：

二语测试在中国中山大学国际汉语学院、北京大学对外汉语教育学院、清华大学 IUP 中心、四川大学海外教育学院、湖南师范大学国际汉语文化学院、上海师范大学对外汉语学院、陕西师范大学国际汉学院，美国托利多大学孔子学院、亚利桑那大学孔子学院、普林斯顿大学东亚系中文部，韩国庆北大学汉语选修班，越南河内国家大学下属外国语大学中国语言文化系、河内大学中文系、海防私立大学外语系中文班进行。被试来自越南、韩国、美国、印度尼西亚、泰国、日本、法国等共计50多个国家和地区。按照学习时间，分为初级一（半年）、初级二（半年—1年）、中级一（1年—1年半）、中级二（1年半—2年）、高级（2年以上）五组。①

为了更好地展现二语者的习得特征，我们对母语者进行了对照性测试。根据儿童语言发展理论，即儿童从出生到青春期②前语言最容易习得③，我们在4—5岁、6—7岁、8—9岁、10—11岁段进行了抽样测试，另选≥18岁母语者作为母语高级水平的参照。被试来自成都市热电幼儿园、广州市旭景小学、中山大学国际汉语学院汉语国际教育研究生班。

材料与方法：

测试分两题，收集到的语料均为书面语语料。

第一题为诱导性产词测试，让被试在15分钟内写出尽可能多的表人名词，收集到的语料介于自然语料与非自然语料之间。

第二题为强制性构词测试，让被试在15分钟内用38个"X＋N"格式（如："＿＿家""＿＿人"）组尽可能多的词，收集到的语料为非自然语料。

二语被试共885人④，均为成人。第一题484人（初一组73人、初二组39人、中一组155人、中二组79人、高级组138人），

---

① 此处学习时间定义为学习者在中国接受日制汉语培训所用年限，并非被试个人实际所用年限。我们对被试学习时间所做的标准化处理是：在中国国内大学抽样的被试采取其入学分班考试中所进行的标准化处理；对于在国外大学抽样的被试，按照其所学教材，对照国内汉语水平考试大纲，进行学习年限的折算。后文简写为初一（组）、初二（组）、中一（组）、中二（组）。

② 一般认为青春期始于11岁。

③ Lenneberg, E. H., Chomsky, N., & Marx, O., *Biological foundations of language*, New York: Wiley and Sons, 1967.

④ 有的被试只做了问卷1（第一题），计为1；有的被试做了问卷2（第二题），计为1。但有的被试既做了问卷1也做了问卷2，这种情况计为2。所以单位严格地说不是"人"，而是"人次"。

第二题401人（初一组48人、初二组24人、中一组163人、中二组46人、高级组120人）。

母语参照性被试共272人，第一题147人（4—5岁组[①]27人、6—7岁组38人、8—9岁组35人、10—11岁组32人、≥18岁组15人）；第二题125人（4—5岁组27人、6—7岁组32人、8—9岁组22人、10—11岁组29人、≥18岁组15人）。

该群案测试（包括二语测试和母语测试）具有如下特征：

① 人数众多：有共计1157人（二语885人、母语272人）参与了测试。

② 被试母语背景分布广：共来自50多个国家和地区。

③ 参与测试的教学单位，数量多、分布广：共在国内、海外14所大学针对汉语作为二语学习者进行汉语培训的相应学院或中心进行测试，收集二语者语料；在国内1所大学、1所小学、1所幼儿园进行测试，收集母语者语料。

鉴于以上特征，我们认为，该群案测试样本具有足够的代表性，能够避免由于被试个人学习水平不同、母语背景不同、教学单位教学水平不同造成的影响。

（2）纵向个案跟踪调查

对象：

二语个案：

3名汉语作为二语的学习者，均为成人，为中山大学国际汉语学院学生。基本信息如下：

个案1：邓某，女，18岁，越南人，母语为越南语。

---

① 因4—5岁年龄组母语被试年龄太小，无法纸笔测试，故采用主试提问被试回答、录音并转写的方式替代。虽然我们知道书面语和口语语料略有差异，但在无法控制的情况下，研究忽略此组被试与其他各组在语料语体上的细微差异。第二题同。

跟踪时间：零起点—1年。

个案2：朴某，女，19岁，韩国人，母语为韩国语。

跟踪时间：零起点—1年。

个案3：Clark，男，27岁，美国人，母语为英语。

跟踪时间：零起点—1年。

母语个案：

4名汉语母语儿童，基本信息如下：

个案1：曾某，男，1岁，四川省成都市人，父母为大学文化程度，生活语言为四川话（北方方言区）和普通话。

跟踪时间：3年，即1—3岁。

个案2：陈某，女，4岁，四川省成都市人，成都市热电厂幼儿园学生，父母为高中文化程度，生活语言为四川话（北方方言区）和普通话。

跟踪时间：3年，即4—6岁。

个案3：李某，女，7岁，四川省成都市人，成都市金沙小学学生，父母为高中文化程度，生活语言为四川话（北方方言区）和普通话。

跟踪时间：3年，即7—9岁。

个案4：杨某，女，10岁，四川省成都市人，成都市前进小学学生，父母为高中文化程度，生活语言为四川话（北方方言区）和普通话。

跟踪时间：2年，即10—11岁。

材料与方法：

在自然谈话中加入测试，二语个案由其任课老师完成，母语个案由其父母或老师完成。录音后转写成文本，所获语料均为口语语料。测试共两题，内容与书面语测试相同：第一题为诱导性产词测试（针对二语个案1、个案2、个案3，母语个案1、个案2、个案3、个案4），第二题为强制构词测试（针对二语个案1、个案2、个案3，母语个案2、个案3、个案4）。

（3）教学实验

对象：中山大学国际汉语学院中级水平汉语作为二语学习者。

材料与方法：以"VP+者"为例进行教学实验。被试共计48人，均为汉语作为二语学习者，来自中山大学国际汉语学院中级班。被试平均分成4组，接受4种教学处理：接受词法规则、发现词法规则、背诵词汇、无教学处理。在教学处理完成后，我们对其进行了即时测试和延时测试。

（4）事后访谈

对象：参与群案测试的被试、参与个案观察的被试、参与教学实验的被试。

就被试出现的偏误、产出某些词的方法进行事后访谈，以便真实地反映学习者是如何理解、加工某个语言项目的。

（5）总结

总的来说，本书将定性研究与定量研究相结合，试图从主观报告和客观数据两个角度，描写并解释习得过程。

1.3 研究的价值及意义

（1）有助于加深对汉语作为二语的心理词典组织结构的了解

本书通过心理学词间联想活动，考察了二语者产出表人名词的过程，同时可以看出，"X+N"这一类词汇是如何被提取的。此外，本书还通过教学实验和事后访谈，考察不同教学处理下，二语者所进行的不同的心理加工。这不仅有利于我们了解汉语作为二语者汉语词汇存储、加工、提取的心理过程，同时也丰富了心理语言学关于汉语词汇识别的理论。

（2）有助于揭示汉语作为二语者习得派生词的规律

以往有关词汇习得的研究大都只停留在偏误描写的层面，对派生词的习得研究就更少；缺少对派生词习得进行的大规模定量考察。本书通过群案测试和个案跟踪，同时通过教学实证研究，进行了定量分析。这有利于了解二语学习者习得了什么（习得的容易之处、习得难点），怎样习得（习得过程），在什么时候习得（习得顺序），以及引发上述情况的原因。同时还有助于帮助教师针对容易习得的部分和难以习得的部分，改进教学方法，促进汉语作为二语的派生词教学。

（3）有助于改进汉语作为二语的教材、词典、大纲中派生词的编选解释

对现行教材练习进行的定量研究，可以帮助我们客观地了解派生词教学（包括语素教学）的现状，即派生词（包括语素）教学是否得到了重视。同时，本书关于习得内容、习得过程、习得顺序、教学处理的考察，可以帮助教材、词典、大纲的编撰者运用到实际编写工作中去。

（4）有助于扩展汉语作为二语词汇习得领域的研究

汉语作为第二语言的词汇习得研究才刚刚起步，相比语音、语法习得研究，汉语词汇习得的研究还处于相对滞后的状况①。近些年由于受国外词汇研究热潮的影响，词汇习得研究逐渐受到越来越多的关注，并取得了长足的发展，但研究总体上比较零散，缺乏一个比较完整的理论框架，至今尚未建构起汉语作为二语的词汇习得

---

① 王建勤：《汉语作为第二语言学习者习得过程研究评述》，《北京师范大学学报》（社会科学版）2006 年第 3 期。

理论体系①。目前汉语作为二语的词汇习得研究关注点主要集中在生词的伴随性学习方面，对于学习者如何加深词汇知识的研究则几乎还是空白②。本书关于派生词习得发展过程的研究有助于加深和扩展这一领域的研究。

（5）有助于深化汉语派生词的本体研究

纵观近几十年关于词根、词缀的本体研究，其焦点主要集中在词缀的语义泛化过程、词缀各义项在历时发展过程中的始现时间等。本书从二语习得和儿童母语习得的角度入手，将词缀的语义泛化过程与习得过程进行了对比，发现本体研究中可能存在的不足。相信本书从习得角度进行的研究，能够反思本体研究中存在的一些问题，从而进一步推进本体研究的深度和广度。

1.4 结构框架

本书共分八章。

第一章，绪论。介绍本研究的缘起、研究范围、研究目的、研究方法和材料、研究意义等。

第二章，"X + N"表人派生词的文献综述。介绍近年来与汉语作为第二语言的表人派生词教学相关的本体研究和习得研究成果，并提出当前研究存在的不足。

第三章，被试基于词间联想活动的表人名词的提取与产出。通过个案跟踪和群案测试，发现被试表人名词常用的词间联想提取法。探讨母语者与二语者的共性、二语者的独有个性。从发展心理学角度揭示原因。进而探讨越南语背景学习者、韩国语背景学习

---

① 施家炜：《国内汉语第二语言习得研究二十年》，《语言教学与研究》2006 年第 1 期。
② 洪炜：《汉语作为第二语言的近义词习得研究》，博士学位论文，中山大学，2011 年。

者、英语背景学习者的共性与个性。从语言类型学角度揭示差异的原因。

第四章，表人语素"N"语义泛化过程与习得发展过程的对比。通过群案测试语料，描写出 N1（词根）、N2（类词缀）、N3（词缀）的习得顺序，比较二语习得和母语习得的共性、二语习得的个性。从二语者与母语者的习得共性上，反思本体上 N1（词根）、N2（类词缀）、N3（词缀）三者之间的关系。

第五章，"X 人"词族的二语习得研究。通过群案测试语料，描写 X 的入词顺序，分析偏误词。总结二语习得和母语习得的共性、二语习得的个性。从语言扩散等角度进行解释。

第六章，"VP＋者"的语素教学实验研究。选取二语者的高频 N——者，对四组被试进行了不同的教学处理：接受词法规则、发现词法规则、背诵、无处理。并对四组被试进行了即时条件下和延时条件下的测试。从认知心理学词汇加工的角度进行解释。

第七章，派生构词法在国际汉语教材中的使用情况。使用 Schmitt 的词汇巩固策略理论，考察了 5 部经典国际汉语教材（儿童、成人）的练习部分，总结出可以运用于教材练习的 14 种巩固策略（其中之一为"利用词根词缀巩固旧词"）。统计分析了 5 部教材练习使用这 14 种策略的情况，考察"词根词缀法"的使用频率。

第八章，结语。本书主要创新点、不足之处及有待进一步研究的相关问题。

第 二 章

"X + N"表人派生词的文献综述

2.1 "N"的性质

词缀、类词缀的问题一直是现代汉语构词法研究的热门话题。讨论主要集中在性质的界定上,包括:词缀有无必要单列一类?如何区分词缀与词、词根、虚词?如何区分典型词缀和类词缀?词缀和类词缀的具体成员包括哪些?

2.1.1 本体构词法研究对词缀的界定

总的来说,各家基本赞成在汉语构词法中将词缀单列一类(陆志韦等[1];吕叔湘[2];郭良夫[3];黄伯荣、廖序东[4];陈保亚[5];朱德熙[6];张斌[7];晁继周[8];蒋宗许[9])。界定的标准可归纳为以下几点:

---

[1] 陆志韦等:《汉语的构词法》(修订本),科学出版社1957年版。

[2] 吕叔湘:《汉语语法分析问题》,商务印书馆1979年版。

[3] 郭良夫:《现代汉语的前缀和后缀》,《中国语文》1983年第4期。

[4] 黄伯荣、廖序东主编:《现代汉语》,高等教育出版社1997年版。

[5] 陈保亚:《20世纪中国语言学方法论》,山东教育出版社1999年版。

[6] 朱德熙:《语法讲义》,商务印书馆1982年版,第29—31页。

[7] 张斌主编:《新编现代汉语》,复旦大学出版社2002年版,第171—173页。

[8] 晁继周:《二十世纪的现代汉语词汇学》,载晁继周《语文词典论集》,商务印书馆2005年版。

[9] 蒋宗许:《汉语词缀研究》,四川出版集团巴蜀书社2009年版。

（1）"不能单用"，用以区分实词与虚词、词缀、词根

能够单用，能够单独回答问题的，是实词。比如，"我家"中的"家"是词，而"姑娘家"中的"家"不是词。这是因为，"我家"中的"家"可以单用，可以单独回答问题，如：

A：你在家还是在公司？

B：家。

但是，"姑娘家"中的"家"却不能。

（2）"单向搭配""语法功能的类化作用""意义泛化"用以区分词根与虚词、词缀

虚词、词缀只能"单向搭配"，而词根可"双向搭配"。比如，"作者""学者""编者""无产者"等中的"者"，只能后置，不能前置。而词根，比如"作"，既可构成"X作"（制作），也可构成"作X"（作者）。

语法功能的类化作用，指词缀、虚词决定整个组合的语法功能，而词根不具有这样的作用。比如，我们一看便知"X者"这个组合是名词，即使我们不知道"X"具体是什么。而仅凭"X花"却无法判断该组合是动词（"开花"）还是名词（"棉花"）。

"意义泛化"，指该语素不具有实在的意义或实在意义的程度较低。词缀（含类词缀）的抽象程度高，而词根没有抽象意义。比如，"X子""X者"抽象程度高，而"X花""X树"的抽象程度低。可以问："什么花?""什么树?"却不能问："＊什么子?""＊什么者?""X子""X者"不能受数量词修饰，不能说"＊一个子""＊一个者"，但可以说"一朵花""一棵树"。

（3）"能产性""新生类推能力"用于区分词缀与虚词

能产性，是指已参与构词或构成组合的能力，主要针对现代汉语词库中已经存在的词汇。新生类推能力，指构成新词或新组合的能力，主要针对的是新词。在这两项能力上，虚词的能力无限大，

而词缀的能力却有限。比如，据统计，由"子""儿""头"三个典型词缀构成的双音节词共有803个[1]；而我们无法计算以虚词"把"构成的组合的数量有多少[2]。

总之，现代汉语构词法的研究对"N"的界定比较严格，"N"的成员极其有限。比较公认的词缀是"子"[3]，存在争议的有"头""者""家""员"等（陆志韦等[4]；张斌[5]）。

2.1.2 本体构词法"类词缀"的提出

在词缀与词根之间，游离着一大批语素，其身份一直存在争议，如"者""家""员""才""工""友""派"等。它们不能单用；有的单向搭配（"者""家"等），有的即使双向搭配，其中一向的搭配数量也远远高于另一向（"员""工"等）；意义既不如词根具体，又不如词缀虚空和泛化；能产性和新生类推能力，强于词缀而弱于虚词。

陆志韦等早在1957年[6]就指出"读者"中的"者"和"作家"中的"家"等这一类语素的特殊性，并为它们单设名目。吕叔湘正式提出"类前缀、类后缀"的概念："有不少语素差不多可以算是前缀或后缀，然而还是差点儿，只可以称为类前缀或类后缀，比如'家''员''人''民'。说它们作为前缀或后缀还差点儿，还得加个'类'字，是因为它们在语义上还没有完全虚化，有时候还以词根的面貌出现。"[7]

---

① 卞成林：《汉语工程词论》，山东大学出版社2000年版。

② 富丽：《现代汉语类词缀研究——兼论附缀字组的成词及词库收词问题》，硕士学位论文，北京大学，2001年。

③ 王绍新：《谈谈后缀》，《语言学论丛》第17辑，商务印书馆1992年版。

④ 陆志韦等：《汉语的构词法》（修订本），科学出版社1957年版。

⑤ 张斌主编：《新编现代汉语》，复旦大学出版社2002年版第171—173页。

⑥ 陆志韦等：《汉语的构词法》（修订本），科学出版社1957年版。

⑦ 吕叔湘：《汉语语法分析问题》，商务印书馆1979年版。

对类词缀的概念，汉语本体研究中采用的人比较多（张斌①；王洪君、富丽②；晁继周③），也有一些学者避而不用。晁继周就对"类词缀"的提出给予积极的评价，"对于解决语言学界在虚语素范围的分歧，不失为一个办法"④，这让现代汉语中很大一批游离于词根与词缀之间的语素得以界定。比如，吕叔湘将"家""员""人""民"4个表人的"N"归入"类后缀"。⑤ 张斌更是将"家""员""民""才""工""佬""倌""徒""汉"等共计29个表人的"N"都归为"类后缀"。⑥

有一些学者虽然避而不用"类词缀"这个术语，但无可否认的是，"类词缀"的提出，导致词缀的例字越增越多。⑦ 比如，董秀芳就将"家""者""手""员""工""人""师""匠"这些表某一类人的后置语素全都统一称为"后缀"。⑧

总的来说，"类后缀"概念的提出，大大增加了表人词缀"N"的数量。

2.1.3 汉外对比角度的探讨

张博⑨、李华⑩认为，汉语本体词缀与非词缀的划分标准过多地受到西方语法体系中关于词缀的理论的影响，但西方语法体系关

---

① 张斌主编：《新编现代汉语》，复旦大学出版社 2002 年版第 173—178 页。

② 王洪君、富丽：《试论现代汉语的类词缀》，《语言科学》2005 年第 5 期。

③ 晁继周：《二十世纪的现代汉语词汇学》，载《语文词典论集》，商务印书馆 2005 年版。

④ 晁继周：《二十世纪的现代汉语词汇学》，载《语文词典论集》，商务印书馆 2005 年版。

⑤ 吕叔湘：《汉语语法分析问题》，商务印书馆 1979 年版。

⑥ 张斌主编：《新编现代汉语》，复旦大学出版社 2002 年版第 173—178 页。

⑦ 蒋宗许：《汉语词缀研究》，四川出版集团巴蜀书社 2009 年版，第 369 页。

⑧ 董秀芳：《汉语的词库与词法》，北京大学出版社 2004 年版，第 98—101 页。

⑨ 张博：《先秦形容词后缀"如、若、尔、然、焉"考察》，《宁夏大学学报》1992 年第 4 期。

⑩ 李华：《单音节表人名词的缀化及构词特征》，载张博主编《基于中介语语料库的汉语词汇专题研究》，北京大学出版社 2008 年版，第 344 页。

于词缀与非词缀的划分标准却不能完全适用于汉语。比如英语的词缀，依靠语法手段就能够判断，而且位置一定是固定的，词汇意义极其虚化甚至没有。而汉语和英语在这一方面有很大的不同。汉语中几乎没有天生的词缀，有少部分词缀是从虚词转化而来的，大部分词缀基本上是由实语素衍化而来的，其中有一些语素正处于由实而虚的衍化过程中。它们或多或少地残留有实语素的语义特征，极少有意义完全虚化的。据此，张、李从语源的角度，探讨了汉语中后缀的源义和缀义，描写了这些后缀从"实"到"半实半虚"的动态发展过程。

刘娅莉①对英汉两个代表性的后缀的研究也证明了这一点，即汉语中没有典型后缀。原因是，与英语典型后缀"－er"相比，汉语中公认程度较高的后缀"－者"意义不够虚空、能产性弱。该文以《朗文当代高级英语词典》和《现代汉语词典》作为语料库，穷尽性地提取了"X－er"和"X－者"。发现，"－er"的虚化程度高，语义范围广：从有生命的"人""动物"，到无生命的"器物"，甚至还表"抽象的概念"；相比之下，"－者"所指称的只是上述语义中的小部分，即有生命的"人"。同时，能产性上，"－er"远远强于"－者"：提取到的"X－er"有1309个，而提取到的"X－者"仅22个。

涂茵梦②将土耳其语中的典型后缀"－ci"同汉语中公认程度较高的后缀"－者""－家"进行了对比，结论与上述一致："土耳其语'－ci'后缀的语义更加宽广，由土耳其语'－ci'后缀派生出来的名词语义上的褒贬来自'－ci'之前的词根词干；而汉语

---

① 刘娅莉：《英汉构词后缀"－er""－者"的对照分析》，硕士学位论文，四川大学，2006年，第7—8、11页。

② 涂茵梦：《汉语后缀"者""家"与土耳其语"－ci"对比研究》，博士学位论文，厦门大学，2011年，第61页。

的'-者''-家'本身多少带点褒或者贬义。"这同样说明，"-ci"的意义比"-者""-家"更虚化。

总的来说，语源学研究和汉外对比研究说明：汉语中，严格区分后缀和类后缀，意义不大；严格划定"N"的范围，意义也不大。因此，将"N"界定在一个较为宽松的范围内是有依据的。

2.1.4 第二语言学习和教学角度的探讨

李华[1][2]注意到了中介语中与表人后缀相关的构词偏误，比如"*导游员、*演戏歌手、*爬山家"等。因此，她将"N"定义在一个非常宽松的范围内，选取了"丁、夫、哥、鬼、棍、汉、户、家、匠、姐、客、盲、妹、迷、民、人、嫂、生、师、士、手、头、徒、星、爷、员、者、子"共计28个N作为研究的对象，归纳出这些N的语义，以期对汉语作为二语教学提供参考。[3]

刘艳平[4]则考察了在汉语作为二语的教学领域中起着规范性作用的大纲——《汉语水平语法等级大纲》。她考察了其中收录的词缀，并与《现代汉语词典》第5版的收录状况进行了对比，提出"《汉语水平语法等级大纲》存在词缀收录范围过宽问题"。

可见，上述这些学者，开始注意到词缀（包括后缀类后缀）在汉语作为第二语言学习和教学中的使用情况，并尝试从全新的学习与教学的角度进行探讨。

---

① 李华：《现代汉语表人名词后缀、类后缀考察》，硕士学位论文，北京语言大学，2003年，第3页。
② 李华：《单音节表人名词的缀化及构词特征》，载张博主编《基于中介语语料库的汉语词汇专题研究》，北京大学出版社2008年版，第344页。
③ 李华：《现代汉语表人名词后缀、类后缀考察》，硕士学位论文，北京语言大学，2003年，第3页。
④ 刘艳平：《〈现代汉语词典〉和〈汉语水平语法等级大纲〉词缀比较——兼论对外汉语教学词缀、类词缀的范围》，《云南师范大学学报》（对外汉语教学与研究版）2009年第5期。

2.2 "N"的语义分类与描写

傅兴岭、陈章焕①，王力等②，富丽③，陈秋祥、许威汉④，李华⑤，董秀芳⑥，杨可人⑦，王光全⑧等对"X+N"表人派生词进行过语义上的分类和描写。我们引入义素分析法，综合如下。

2.2.1 由表人名词虚化而来

（1）由泛指人类、族类的词虚化而来——人、民、族

民：

本义：人。《说文》："民，众萌也。"

共时平面上的语义分类如下。

实义：人民、百姓；义素为［+人］［+普通］。"民"为词根，"X民"为复合词。如：

① X 为形容词性语素：饥民、贱民、良民、贫民、公民。

② X 为动词性语素：选民、移民、居民、游民、侨民。

③ X 为名词性语素，起修饰、限制作用。

    a. X 表民族：藏民、汉民、回民、苗民、羌民。

①　傅兴岭、陈章焕主编：《常用构词字典》，中国人民大学出版社 1982 年版。

②　王力主编：《古汉语字典》，中华书局 2000 年版。

③　富丽：《现代汉语类词缀研究——兼论附缀字组的成词及词库收词问题》，硕士学位论文，北京大学，2001 年。

④　陈秋祥、许威汉主编：《汉字古今义合解字典》，上海教育出版社 2002 年版。

⑤　李华：《现代汉语表人名词后缀、类后缀考察》，硕士学位论文，北京语言大学，2003 年。

⑥　董秀芳：《汉语的词库与词法》，北京大学出版社 2004 年版，第 99—101 页。

⑦　杨可人：《现代汉语类后缀的语法语义研究》，硕士学位论文，北京语言大学，2006 年，第 21 页。

⑧　王光全：《构词域与后缀"-子"的语义问题》，《世界汉语教学》2009 年第 3 期。

b. X 表谋生的手段：农民、渔民、牧民。

c. X 表原因：难民、灾民。

d. X 表范围：市民、国民。

类化义：一类人；义素为［＋人］。"民"为类后缀，"X 民"为派生词。如：烟民、酒民、股民、网民、彩民。

人：

本义：能改造自然并使用语言的高等动物。《说文》："人，天地之性最贵者也。"

共时平面上的语义分类如下。

实义：众人；义素为［＋人］。"人"为词根，"X 人"为复合词。如：

① X 为形容词或形容词性语素：穷人、病人、恶人、古人、坏人。

② X 为动词或动词性语素：游人、行人、猎人、继承人。

③ X 多为专有名词：爱斯基摩人、广州人、中国人。

类化义：一类人；义素为［＋人］。"人"为类后缀，"X 人"为派生词。如：诗人、音乐人、电影人、广告人、摄影人。

羡余义："X 人"的意义由 X 承担，即使删去"人"，"X 人"的词汇意义仍保持不变。因此，"人"为羡余成分，是典型后缀：主人、客人、贾人。

族：

本义：族类。

共时平面上的语义分类如下。

实义：族类；义素为［＋人］［＋血统关系］。"族"为词根，"X 族"为复合词。如：

① X 为名词性语素：民族、种族。

② X 为专有名词：汉族、傣族、藏族、朝鲜族、维吾尔族。

类化义：一类人；义素为［＋人］。"族"为类后缀，"X 族"为派生词。如：蚁族、上班族、办公族、电脑族、月光族、裸婚族。

（2）由表"男人"的词虚化而来——子、士、夫、丁、生、汉、佬

子：

本义：婴儿。《说文》："子，十一月。阳气动，万物滋。人以为称。"

后起义：男性。

共时平面上的语义分类如下。

实义：子女；义素为［＋人］［＋子嗣］［＋男］。"子"为词根，"X 子"为复合词。如：太子、长子、王子、孝子、败家子。

类化义：一类人；义素为［＋人］。"子"为类后缀，"X 子"为派生词。如：

① "子"表"生理或心理上有缺陷、从事令人排斥活动或工作的一类人"，义素为［＋人］［＋贬义］：矮子、跛子、傻子、瘦子、二流子。

② "子"表"受尊敬的一类人"，义素为［＋人］［＋褒义］［±男］：

　　a　［＋人］［＋褒义］［＋男］：才子、君子、夫子。

　　b　［＋人］［＋褒义］：学子、男子、女子。

羡余义："X 子"的意义由 X 承担，即使删去"子"，"X 子"的词汇意义仍然保持不变。因此，"子"为羡余成分，起补充音节的作用，是典型后缀。如：儿子、妹子、主子、新娘子、老头子。

士：

本义：男子。《说文》："士，事也。"

共时平面上的语义分类如下。

实义：勇猛的男人；义素为［＋人］［＋男］［＋勇猛］［＋褒义］。"士"为词根，"X士"为复合词。如：

①"士"表"军人"，义素为［＋人］［＋男］［＋褒义］［＋勇猛］［＋军人］：兵士、将士。

②"士"表"受人尊敬、勇猛的男人"，义素为［＋人］［＋男］［＋褒义］［＋勇猛］：猛士、志士、勇士、壮士、大力士。

类化义：一类人；义素为［＋人］［±男］［±有知识］。"士"为类后缀，"X士"为派生词。如：

①［＋人］［＋男］：教士、修士、信士。

②［＋人］［＋有知识］：辩士、谋士、学士、博士。

③［＋人］：护士、战士、烈士、女士。

丁：

本义：能担任赋役的成年男子。《新丰折臂翁》："户有三丁点一丁。"

共时平面上的语义分类如下。

实义：成年男子；义素为［＋人］［＋成年］［＋男］。"丁"为词根，"X丁"为复合词。如：白丁、人丁、单丁、壮丁。

类化义：一类人；义素为［＋人］［＋职业］。"丁"为类后缀，"X丁"为派生词。如：家丁、园丁。

夫：

本义：成年男子。《说文》："夫，丈夫也。"

共时平面上的语义分类如下。

实义：女子的配偶，成年男子；义素为［＋人］［＋男］
［＋成年］。"夫"为词根，"X夫"为复合词。如：

①"夫"表"女子的配偶"，义素为［＋人］［＋男］［＋成年］［＋配偶］：姐夫、妹夫、姨夫、前夫、未婚夫。

②"夫"表"成年男人"，义素为［＋人］［＋男］［＋成年］［＋贬义］：病夫、懦夫、独夫、鳏夫、情夫。

类化义：一类人；义素为［＋人］［＋男］［＋职业］。"夫"为类词缀，"X夫"为派生词。如：

① X为名词性语素：车夫、船夫、轿夫、马夫、更夫。

② X为动词性语素：挑夫、屠夫、清道夫。

生：

本义：植物生长，动词。《说文》："生，进也。像草木生出土上。"

后起义：有才学之人，隐含男性。《诗·小雅·常棣》："虽有兄弟，不如友生。"

共时平面上的语义分类如下。

实义：学习的（男）人；义素为［＋人］［＋男］［＋学习］。"生"为词根，"X生"为复合词。如：门生、书生、考生。

类化义：从事某种工作的一类人；义素为［＋人］［＋职业］。"生"为类后缀，"X生"为派生词。如：医生、服务生、接线生。

特殊："生"由"出生"衍化而来：先生、后生。

汉：

本义：水名，即汉水。《说文》："汉，漾也，东为沧浪水。"

后起义：中国的一个民族，后指汉族男子。《北齐书》："光就谓曰：'天子弟杀一汉，何所苦。'"

共时平面上的语义分类如下：

实义：男人；义素为［＋人］［＋男］。"汉"为词根，"X汉"为复合词。如：懒汉、大汉、硬汉、好汉、庄稼汉。

类化义：一类人；义素为［＋人］。"汉"为类后缀，"X汉"为派生词。如：门外汉 。

佬：

为后起字，表"成年人"，多指男性，含贬义。古代未见用例。

共时平面上的语义分类如下。

实义：成年（男）人；义素为［＋人］［＋成年］［＋贬义］［±男］。"佬"为词根，"X佬"为复合词。如：

①"佬"表"成年男人"，义素为［＋人］［＋成年］［＋贬义］［＋男］：财主佬。

②"佬"表"成年人"，义素为［＋人］［＋成年］［＋贬义］：乡巴佬、阔佬。

类化义：一类人；义素为［＋人］。"佬"为类词缀，"X佬"为派生词。如：美国佬、外国佬。

（3）由表示从事某职业或具有某身份的人的词虚化而来——匠、工、倌、客、师、徒、友、员

匠：

本义：木工。《说文》："匠，木工也。"

后起义：手艺工人的通称。《论衡·量知》："能斫削柱梁，谓之木匠，能穿凿穴埳，谓之土匠，能彤琢文书，谓之史匠。"

共时平面上的语义分类如下。

实义：手艺工人；义素为［＋人］［＋贬义］［＋职业］［＋手艺］。"匠"为词根，"X匠"为复合词。如：花匠、鞋匠、木匠、铁匠、瓦泥匠。

类化义：一类人；义素为［＋人］［±贬义］。"匠"为类词缀，"X匠"为派生词。如：

① 表"从事某种工作的一类人"，义素为［＋人］［＋贬义］：教书匠。

② 表"心思巧妙的一类人"，义素为［＋人］［−贬义］：巨匠、宗匠。

工：

本义：工匠的曲尺。《说文》："工，巧饰也，象人有规榘也。"

后起义：工人，手工业劳动者。《左传·隐公十一年》："山有木，工则度之。"

共时平面上的语义分类如下。

实义：从事体力劳动且社会地位较低的人；义素为［＋人］［＋职业］［＋地位低］。"工"为词根，"X工"为复合词。如：

① 指"出卖劳力为生的工人"，义素为［＋人］［＋职业］［＋地位低］［＋体力劳动］［＋贬义］：包工、帮工、零工、短工、长工。

② "工"表"擅长某项技术活儿并以此为生的人"，义素为［＋人］［＋职业］［＋地位低］［＋技术］，X为名词性语素，表"技术的方面"：泥工、铁工、瓦工、美工、木工。

类化义：有工作的一类人；义素为［＋人］［＋职业］。"工"为类后缀，"X工"为派生词。如：特工。

倌：

本义：主管驾车的小臣。《说文》："倌，小臣也。"

共时平面上的语义分类如下。

实义：从事某种工作的人；义素为［＋人］［＋职业］。"倌"

为词根，"X 倌"为复合词。如：

①"倌"表"在茶馆、饭馆中服杂役的人"，X 为名词性语素，表"服杂役的地方"：堂倌、磨倌。

②"倌"表"农村中饲养牲畜的人"，X 为名词性语素，表"饲养畜生的种类"：羊倌、牛倌、马倌。

类化义：一类人；义素为 [＋人]。如：老倌。

客：

本义：寄居，旅居，动词。《说文》："客，寄也。"

后起义：从外而来的受到主人招待的人。《易·需》："有不速之客三人来，敬之，终吉。"

共时平面上的语义分类如下。

实义：从外而来的人；义素为 [＋人] [＋外来]。"客"为词根，"X 客"为复合词。如：

①"客"表"客人"：乘客、游客、生客、乘客、顾客。

②"客"表"依附于并服务于主人的人"：门客、食客。

类化义：一类人；义素为 [＋人]。"客"为类词缀，"X 客"为派生词：政客、剑客、镖客、侠客、黑客。

师：

本义：军队。《说文》："二千五百人为师。"

后起义：传授知识的人。《师说》："师者，所以传道授业解惑也。"

共时平面上的语义分类如下。

实义：传授知识或有知识的人；义素为 [＋人] [＋擅长] [＋传授] [＋褒义]。"师"为词根，"X 师"为复合词。如：教师、导师、大师、禅师、法师。

类化义：擅长某事并以此为职业的人；义素为［＋人］［＋擅长］［＋职业］。"师"为类后缀，"X师"为派生词。如：厨师、律师、军师、会计师。

徒：

本义：跟在兵车后作战的步兵。

后起义：跟从的人，弟子，门人。《论语·微子》："是鲁孔丘之徒与?"

共时平面上的语义分类如下。

实义：跟从的人，弟子；义素为［＋人］［＋跟从］。"徒"为词根，"X徒"为复合词。如：学徒、信徒、教徒、门徒、僧徒。

类化义：品德差、常做坏事的一类人；义素为［＋人］［＋贬义］。"徒"为类后缀，"X徒"为派生词。如：暴徒、匪徒、囚徒、酒徒、叛徒。

友：

本义：朋友。《说文》："友，同志为友。"

共时平面上的语义分类如下。

实义：同一团体的人；义素为［＋人］［＋关系好］。"友"为词根，"X友"为复合词。如：

①"友"表"亲近、相好的人"：朋友、故友、好友、密友、盟友。

②"友"表"同一客观团体内部的成员"：校友、级友、工友、教友。

类化义：一类人；义素为［＋人］。"友"为类后缀，"X友"为派生词。如：棋友、球友、牌友、票友、菜友、鱼友、驴友、壶友、茶友、笛友。

员：

本义：物的数量、人员的数额，亦指人员。

后起义：官员，人员。《周礼·夏官·庾人》："正校人员选。"
共时平面上的语义分类如下。

实义：成员；义素为［+人］［+成员］。"员"为词根，"X
员"为复合词。如：指战员、兵员、教职员、党员、会员、社员、
委员、阁员。

类化义：一类人；义素为［+人］。"员"为类后缀，"X员"
为派生词。如：演员、售货员、售票员、邮递员、驾驶员。

（4）其他——盲、迷、鬼

盲：

本义：眼睛失明。《说文》："盲，目无牟子。"

类化义：缺乏某种知识的一类人；义素为［+人］［+缺乏］。
"盲"为类后缀，"X盲"为派生词。X表"缺乏的对象"，如：文
盲、路盲、股盲、网盲、舞盲、足球盲、电脑盲、外语盲、数字
盲、理财盲。

迷：

本义：迷乱，分辨不清。《说文》："迷，惑也。"

后起义：沉醉，使人入迷，动词。《晚出左掖》："退朝花底
散，归院柳边迷。"

类化义：迷恋或爱好某物的一类人；义素为［+人］［+喜
爱］。"迷"为类后缀，"X迷"为派生词。X表"迷恋的对象"，
如：财迷、棋迷、球迷、戏迷、影迷、歌迷、电脑迷、游戏迷、小
说迷、贝克汉姆迷。

鬼：

本义：迷信的人认为死后有"灵魂"，将"灵魂"称为"鬼"。《说文》："人所归为鬼。"

类化义：一类人；义素为［＋人］［＋贬义］。"鬼"为类后缀，"X鬼"为派生词。如：

①"鬼"表"过分沉溺于某物的一类人"，义素为［＋人］［＋喜爱］［＋贬义］，X为名词性语素，表"沉溺的对象"：烟鬼、酒鬼、鸦片鬼、大烟鬼。

②"鬼"表"在性格或品质方面具有某特点的一类人"，义素为［＋人］［＋贬义］，X为形容词性语素：小鬼、醉鬼、吝啬鬼、胆小鬼、淘气鬼。

2.2.2 通过隐喻借代衍化而来

（1）由表人身体部位的词衍化而来——手、头

手：

本义：人体上肢前端能拿东西的部分。《说文》："手，拳也。"

后起义：专司某事或擅长某种技艺的人。《北史》："锐意研精，遂为名手。"

类化义：一类人；义素为［＋人］。"手"为类后缀，"X手"为派生词。如：

①"X"为形容词性语素，表"熟练的程度"：高手、好手、新手、老手。

②"X"为名词性语素，表"操作的对象"：舵手、鼓手、棋手、水手、歌手。

③"X"为动词性语素，表"进行某种活动"：射手、扒手、打手、写手、狙击手。

头：

本义：人的头部。《说文》："头，首也。"

共时平面上的语义分类如下。

实义：首领、头目；义素为［＋人］［＋首领］。"头"为词根，"X头"为复合词。如：工头、捕头、孩子头。

类化义：一类人；义素为［＋人］。"头"为类后缀，"X头"为派生词。如：对头、寡头、丫头、巨头、老头。

（2）与住所、家庭相关——家、户

家：

本义：住所。《说文》："家，居也。"

共时平面上的语义分类如下。

实义：经营某种行业并以此为生的家庭或人；义素为［＋人］［＋职业］［＋以家庭为单位］。"家"为词根，"X家"为复合词。X为名词性语素，表"某种行业"：酒家、船家、渔家、店家。

类化义：一类人；义素为［＋人］。"家"为类后缀，"X家"为派生词。如：

①"家"表"掌握专门知识或从事专门活动并具有一定影响力的人"，义素为［＋人］［＋职业］［＋专门知识］：

a. X为形容词：大家、专家。

b. X为名词：科学家、美术家、音乐家、思想家、银行家。

c. X为动词：玩家、革命家、收藏家、空想家、演唱家。

②"家"表"具有某种身份的一方或人"，义素为［＋人］［＋身份］：仇家、冤家、本家、庄家。

羡余义："X家"的意义由X承担；即使删去"家"，"X家"的词汇意义仍然保持不变。因此，"家"为羡余成分，是典型后缀，"X家"为派生词。如：女人家、姑娘家、孩子家、学生家。

户：

本义：单扇门。《说文》："户，护也。半门曰户。"

后起义：住户，人家。《冯婉贞》："环村居者皆猎户。"

共时平面上的语义分类如下。

实义：某一行业或某一活动中的人或团体；义素为［＋人］［＋团体］。"户"为词根，"X户"为复合词。如：

①"户"表"从事某行业的人或家庭"，义素为［＋人］［＋团体］［＋职业］，X为名词性语素，表"行业的名称"：屠户、船户、猎户、佃户。

②"户"表"在某一活动或角色中的人或单位"，义素为［＋人］［＋团体］［＋角色］：用户、客户。

类化义：一类人；义素为［＋人］。"户"为类后缀，"X户"为派生词。如：破落户、暴发户、个体户。

（3）由表动植物或其一部分的词衍化而来——才、虫、蛋

才：

本义：草木出生。《说文》："才，草木之初也。"

后起义：才能、才力。《论衡》："人才有高下，知物由学，学之乃知，不问不识。"

共时平面上的语义分类如下。

实义：有才能的人；义素为［＋人］［＋才能］。"才"为词根，"X＋才"为复合词。如：辩才、将才、人才。

类化义：一类人；义素为［＋人］。"才"为类后缀，"X才"为派生词。X一般为形容词性语素，如：奇才、庸才、蠢才。

虫：

本义：虫子，昆虫。《说文》："无足谓之虫。"

共时平面上的语义分类如下。

实义：像虫一样有害或令人讨厌的人；义素为［+人］［+像虫一样讨厌］［+贬义］。"虫"为词根，"X虫"为复合词。如：害人虫、应声虫、糊涂虫、可怜虫。

类化义：沉迷于某事物的一类人，义素为［+人］；"虫"为类词缀，"X虫"为派生词。X一般为名词性语素，表"沉迷的对象"，如：书虫、网虫、酒虫、烟虫、音乐虫、游戏虫、电视虫、工作虫、体育虫、美食虫。

蛋：

为后起字，表"禽类或龟、蛇所产的卵"。《字汇补》："蛋，俗呼鸟卵为蛋。"

类化义：令人讨厌的一类人；义素为［+人］［+令人讨厌］［+贬义］。"蛋"为类后缀，"X蛋"为派生词。X一般为形容词，如：混蛋、坏蛋、蠢蛋、糊涂蛋、倒霉蛋。

（4）其他——棍、派、星

棍：

本义：捆束。《汉书·杨雄传》："棍申椒与菌桂兮，赴江湖而水沤之。"

类化义：一类人；义素为［+人］［+贬义］。"棍"为类后缀，"X棍"为派生词。如：恶棍、光棍、淫棍、赌棍、网棍、党棍、神棍、讼棍。

派：

本义：水的支流。《说文》："派，别水也。"

类化义：一类人；义素为［+人］。"派"为类后缀，"X派"为派生词。如：学派、左派、新派、欧派、保守派、激进派、青春派、跟风派、逍遥派、出国派。

星：

本义：星星。《说文》："曐，万物之精，上列为星。"

类化义：像星星一样发亮的名人；义素为［＋人］［＋有名］。"星"为类后缀，"X星"为派生词。如：明星、球星、笑星、丑星、童星。

2.2.3 由亲属称谓词衍化而来

由亲属称谓词衍化而来的有6个：爷、哥、姐、妹、嫂、翁。它们的语义分类如下。

爷：

本义：父亲。《玉篇》："爷，俗为父爷字。"

共时平面上的语义分类如下。

实义：社会地位较高的男性；义素为［＋人］［＋男］［＋地位高］。"爷"为词根，"X爷"为复合词。如：大爷、老爷、少爷、老大爷、老太爷。

类化义：以某行业为生或进行某活动的一类人；义素为［＋人］［＋男］。"爷"为类后缀，"X爷"为派生词。如：倒爷、股爷、款爷、侃爷、托爷。

哥：

本义：对同族和亲戚中兄长的称呼。《祭浮梁大兄》："再拜跪祭大哥于座前。"

共时平面上的语义分类如下。

实义：和自己有血缘关系或亲缘关系的年长男性，义素为［＋人］［＋男］［＋亲属关系］［＋年长］。"哥"为词根，"X哥"为复合词。如：大哥、表哥。

类化义：年长男性；义素为［＋人］［＋男］［＋年长］。"哥"为类后缀，"X哥"为派生词。如：

① X为名词性语素或名词。

a. 表"从事某行业的男性"：的哥、吧哥。

b. 表"具有某种特点的男性"：伞哥、刀疤哥、房产哥、力量哥、真情哥。

② X为形容词，表"具有某种特点的男性"：帅哥、妖娆哥、犀利哥、深邃哥。

③ X为动词或动词短语，表"实施某种行为的男性"：卖花哥、哽咽哥。

姐：

本义：母亲的别称。《说文》："蜀谓母曰姐。"

后起义：同父母或只同父或同母；年龄比自己大的女子。《寄东鲁二稚子》："小儿名伯禽，与姊亦齐肩。"

共时平面上的语义分类如下。

实义：和自己有血缘关系或亲缘关系的年长女性；义素为［＋人］［＋女］［＋亲属关系］［＋年长］。"姐"为词根，"X姐"为复合词。如：大姐、小姐、表姐。

类化义：年长女性；义素为［＋人］［＋女性］［＋年长］。"姐"为类后缀，"X姐"为派生词。如：

① X为名词或名词性语素。

a. 表"从事某行业的女性"：的姐、吧姐、迪姐、空姐。

b. 表"能代表某个地方的女性"：亚姐、港姐、京姐。

② X为形容词或形容词性语素，表"具有某种特点的女性"：富姐、辣姐、酷姐。

③ X为动词或动词性语素，表"实施某种行为的女性"：导姐。

④ X 为序数词，表"处于某种地位的女性"：一姐。

妹：

本义：妹妹。《说文》："妹，女弟也。"

共时平面上的语义分类如下。

实义：和自己有血缘关系或亲缘关系的年幼女性；义素为[+人][+女][+亲属关系][+年幼]。"妹"为词根，"X妹"为复合词。如：小妹、表妹。

类化义：年轻女性；义素为[+人][+女][+年轻]。"妹"为类后缀，"X妹"为派生词。如：

① X 为名词、专有名词或名词性语素

a. 表"从事某行业的女性"：吧妹。

b. 表"具有某种特点的女性"：书包妹、四眼妹、凉茶妹、啤酒妹、邻家妹。

c. 表"某个地方的女性"：中国妹、广东妹、客家妹。

② X 为动词或动词短语，表"实施某种行为的女性"：洗头妹、打工妹、洗脚妹。

嫂：

本义：兄之妻。《尔雅·释亲》："女子谓兄之妻为嫂。"

共时平面上的语义分类如下。

实义：和自己有血缘关系或亲缘关系的年长男性的妻子；义素为[+人][+女][+亲属关系][+配偶][+年长]。"嫂"为词根，"X嫂"为复合词。如：大嫂、表嫂、舅嫂、兄嫂。

类化义：一类女性；义素为[+人][+女][+年长/已婚]。"嫂"为类词缀，"X嫂"为派生词。X一般为名词或名词性语素，如：空嫂、警嫂、商嫂、保安嫂、环卫嫂。

翁：

本义：鸟颈毛。《说文》："翁，颈毛也。"

后起义：假借为"公"，即父亲。

实义：老年男性；义素为［＋人］［＋男］［＋年老］。"翁"为词根，"X 翁"为复合词。如：老翁、渔翁、秃翁。

类化义：一类人；义素为［＋人］。"翁"为类后缀，"X 翁"为派生词。如：富翁、不倒翁①。

2.2.4 由辅助性代词转化而来

由辅助性代词转化而来的只有 1 个：者。它的语义情况如下。

者：

本义：代词。《说文》："别事词也。"

后起义：组成"者"字结构，用以指代人、事、物。《老子》："知人者智，自知者明。"

类化义：一类人；义素为［＋人］。"者"为类后缀，"X 者"为派生词。如：

① X 为多音节名词，表"从事某种工作或信仰某一主义的人"：小手工业者、共产主义者。

② X 为动词性语素、动词或动词短语。

a. 表"以某事为职业的人"：记者、侍者。

b. 表"实施某种动作的人"：读者、行者、批评者、带菌者。

③ X 为形容词性语素或形容词，表"具有某种特征的人"：智者、老者、长者、完美者。

---

① "不倒翁"作拟人用法时，也可指人。

2.2.5 小结

在历时发展过程中，语素由自由变为不自由，由实变为虚，限定性义素由多变少，概括如表2-1所示。

表2-1 N的语义分类、性质与用例

语素	语义	义素	实义	类化义	羡余义	用例
民	人民、百姓	[＋人][＋普通]	＋			饥民 藏民 市民
	一类人	[＋人]		＋		烟民 股民 彩民
人	众人	[＋人]	＋			穷人 游人 黑人
	一类人	[＋人]		＋		诗人 音乐人 摄影人
	多余成分				＋	犯人 客人 贾人
族	族类	[＋人][＋血统关系]	＋			民族 汉族 朝鲜族
	一类人	[＋人]		＋		蚁族 上班族 月光族
子	子女	[＋人][＋子嗣][＋男]	＋			太子 长子 败家子
	一类人	[＋人]		＋		胖子 才子 男子
	多余成分				＋	儿子 主子 老头子
士	军人、勇猛的人	[＋人][＋男][＋勇猛][＋褒义]	＋			将士 勇士 大力士
	一类人	[＋人]		＋		教士 辩士 护士
丁	成年	[＋人][＋男]	＋			白丁 人丁 壮丁
	一类人	[＋人][＋职业]		＋		家丁 园丁
夫	女子的配偶、成年男人	[＋人][＋男][＋成年]	＋			姐夫 情夫 懦夫
	从事某工作的人	[＋人][＋职业]		＋		车夫 挑夫 屠夫

续表

语素	语义	义素	性质			用例
			实义	类化义	羡余义	
生	学习的（男）人	［+人］［+男］［+学习］	+			门生 考生 男生
	从事某工作的人	［+人］［+职业］		+		医生 服务生 接线生
汉	男人	［+人］［+男］	+			懒汉 硬汉 庄稼汉
	一类人	［+人］		+		门外汉
佬	成年人	［+人］［+成年］［+贬义］	+			大佬 阔佬 财主佬
	一类人	［+人］		+		美国佬 外国佬
匠	手艺工人	［+人］［+贬义］［+职业］［+手艺］	+			花匠 鞋匠 木匠
	一类人	［+人］		+		教书匠 巨匠 宗匠
工	从事体力劳动且社会地位较低的人	［+人］［+职业］［+地位低］	+			帮工 包工 泥工
	有工作的一类人	［+人］［+职业］		+		特工 职工 员工
倌	从事某工作的人	［+人］［+职业］	+			堂倌 磨倌 羊倌
	一类人	［+人］		+		老倌
客	外来的人	［+人］［+外来］	+			游客 顾客 食客
	一类人	［+人］		+		剑客 侠客 黑客
师	传授知识或有知识的人	［+人］［+擅长］［+传授］［+褒义］	+			教师 导师 法师
	擅长某事并以此为职业的人	［+人］［+擅长］［+职业］		+		厨师 律师 会计师

续表

语素	语义	义素	性质 实义	性质 类化义	性质 羡余义	用例
徒	弟子	[+人][+跟从]	+			学徒 信徒 门徒
	品德差、做坏事的人	[+人][+贬义]		+		暴徒 匪徒 叛徒
友	同一团体的人	[+人][+同一团体]	+			朋友 密友 校友
	一类人	[+人]		+		棋友 茶友 球友
员	成员	[+人][+成员]	+			党员 会员 社员
	一类人	[+人]		+		演员 售货员 邮递员
盲	缺乏某种知识的人	[+人][+缺乏]		+		文盲 舞盲 外语盲
迷	喜爱某物的人	[+人][+喜爱]		+		球迷 电脑迷 小说迷
鬼	一类人	[+人][+贬义]		+		烟鬼 吝啬鬼 小鬼
手	一类人	[+人]		+		高手 鼓手 射手
头	首领、头目	[+人][+首领]	+			捕头 工头 孩子头
	一类人	[+人]		+		寡头 老头 对头
家	经营某种行业并以此为生的家庭	[+人][+职业][+家庭为单位]	+			酒家 船家 渔家
	一类人	[+人]		+		专家 科学家 仇家
	多余成分				+	女人家 姑娘家 孩子家
户	某行业或活动中的团体	[+人][+团体]	+			屠户 船户 用户
	一类人	[+人]		+		破落户 暴发户 个体户

续表

语素	语义	义素	性质			用例
			实义	类化义	羡余义	
才	有才能的人	［+人］［+才能］	+			辩才 将才 人才
	一类人	［+人］		+		通才 奇才 庸才
虫	像虫一样令人讨厌的人	［+人］［+像虫一样讨厌］［+贬义］	+			害人虫 糊涂虫 可怜虫
	沉迷于某事的人	［+人］		+		书虫 网虫 电视虫
蛋	令人讨厌的人	［+人］［+令人讨厌］［+贬义］		+		混蛋 坏蛋 糊涂蛋
棍	一类人	［+人］［+贬义］		+		光棍 淫棍 赌棍
派	一类人	［+人］		+		学派 青春派 出国派
星	像星星一样发亮的名人	［+人］［+有名］		+		明星 球星 笑星
爷	社会地位高的男性	［+人］［+男］［+地位高］	+			大爷 老爷 少爷
	一类人	［+人］［+男］		+		倒爷 款爷 侃爷
哥	有血/亲缘关系的年长男性	［+人］［+男］［+亲属关系］［+年长］	+			大哥 表哥
	年长男性	［+人］［+男］［+年长］		+		的哥 帅哥 犀利哥
姐	有血/亲缘关系的年长女性	［+人］［+女］［+亲属关系］［+年长］	+			大姐 表姐 小姐
	年长女性	［+人］［+女］［+年长］		+		的姐 港姐 富姐

续表

语素	语义	义素	性质			用例
			实义	类化义	羡余义	
妹	有血/亲缘关系的年幼女性	[＋人] [＋女] [＋年轻]	＋			小妹　表妹
	年轻女性,多未婚	[＋人] [＋女] [＋年轻]		＋		吧妹　书包妹　洗头妹
嫂	有血/亲缘关系的年长男性的妻子	[＋人] [＋女] [＋亲属关系] [＋配偶] [＋年长]	＋			大嫂　表嫂　舅嫂
	一类女性,多已婚	[＋人] [＋女] [＋年长/已婚]		＋		空嫂　警嫂　环卫嫂
翁	老年男性	[＋人] [＋女] [＋年老]	＋			老翁　渔翁　秃翁
	一类人	[＋人]		＋		富翁　不倒翁
者	一类人	[＋人]		＋		小手工业者　记者　老者

根据 N 意义的虚实,我们将 38 个 N 做了如下的划分。

词根 N (实义):人1 (男人)、民1 (市民)、族1 (汉族)、子1 (长子)、士1 (将士)、丁1 (壮丁)、夫1 (姐夫)、生1 (男生)、汉1 (硬汉)、佬1 (阔佬)、匠1 (木匠)、工1 (泥工)、倌1 (羊倌)、客1 (游客)、师1 (导师)、徒1 (学徒)、友1 (校友)、员1 (会员)、头1 (工头)、家1 (船家)、户1 (船户)、才1 (将才)、虫1 (糊涂虫)、爷1 (大爷)、哥1 (大哥)、姐1 (大姐)、妹1 (小妹)、嫂1 (大嫂)、翁1 (渔翁)。

　　类词缀 N（类化义）：人 2（音乐人）、民 2（烟民）、族 2（上班族）、子 2（胖子）、士 2（护士）、丁 2（园丁）、夫 2（车夫）、生 2（医生）、汉 2（门外汉）、佬 2（美国佬）、匠 2（巨匠）、工 2（职工）、倌 2（老倌）、客 2（黑客）、师 2（会计师）、徒 2（匪徒）、友 2（球友）、员 2（演员）、迷（球迷）、盲（文盲）、鬼（烟鬼）、手（鼓手）、头 2（老头）、家 2（科学家）、户 2（暴发户）、才 2（庸才）、虫 2（书虫）、蛋（混蛋）、棍（光棍）、派（学派）、星（明星）、爷 2（款爷）、哥 2（帅哥）、姐 2（的姐）、妹 2（打工妹）、嫂 2（空嫂）、翁 2（富翁）、者（记者）。

　　词缀 N（羡余义）：人 3（客人）、子 3（儿子）、家 3（老人家）。

　　综上所述，词根 N，共计 29 个；类词缀 N，共计 38 个；词缀 N，共计 3 个。

2.3　关于"X+N"词与词组界限的讨论

2.3.1　本体的严格派和宽松派

　　现代汉语中，词和词组的界限比较模糊。总的来说，按照收词范围的宽窄，可分为"严格派"和"宽松派"。严格派认可的词的范围窄，宽松派认可的词的范围宽。

　　（1）严格派的界定

　　"语素黏着法"[①] 指出，可以独立运用的最小结构单位是词。即：若一个语言单位拆开，里面的成分无法单独使用，则该语言单位是词；反之，如果里面的成分可以单独使用，则该语言单位是词组。按照这种判断法，"女朋友""男朋友"都应是词组。

----

① 胡裕树：《现代汉语》，上海教育出版社 1995 年版，第 204 页。

　　另两种判断法是"插入扩展判断法"和"意义推断法"。这两种方法比较类似。

　　"插入扩展判断法"① 指的是，如果一个组合内部可以插入其他成分进行扩展，并且扩展前后的语法结构基本相同，原形式就是词组，不能扩展的就是词。比如"白纸"可以插入"的"扩展为"白的纸"，"白纸"跟"白的纸"的结构相同。所以，"白纸"是词组；"白菜"不能扩展成"白的菜"，所以是词。这里的"能否插入"，实际上暗示了插入后意义不能发生改变。

　　"意义推断法"类似"插入扩展判断法"，只是清楚地强调了意义的重要性。即，整体义是否等于成分义的简单相加。例如，"白纸"="白+纸"，即"白纸"是"白"和"纸"的简单相加，因此"白纸"是词组。但是，"白菜"≠"白+菜"，那么，"白菜"是词。

　　按照这两种判断法，"女朋友""男朋友"都是词。因为，插入"的"后意义发生了改变，"女朋友≠女+朋友"，"男朋友≠男+朋友"。可见，后两种判断法的收词范围比前一种宽松些。

　　但上述方法的缺陷是，对于内部结构相同的一组语言成分，无法解释为什么其中一些是词，而另一些是词组。比如，根据《现代汉语词典》（第5版），"马倌""羊倌""猪倌"是词，但"牛倌"是词组；"猪排""牛排"是词，但"羊排""鸡排"是词组。它们的内部结构完全相同，均可插入"的"，插入后意义不发生改变。我们认为，这是词频的作用：使用频率高，心理的认可程度就高，则容易被定义为词；反之，则容易被定义为词组。

---

① 陆志韦等：《汉语的构词法》（修订本），科学出版社1957年版。

（2）宽松派的界定

一些学者提出较为宽松的处理方法：凡是由相同词法模式造出来的语言成分，皆应是词。

吕叔湘①②、王洪君③指出，语素的自由与黏着并不是决定一个组合是不是词的决定性因素。

陆丙甫④认为，属于同一结构模式的 XY，如果 X 和 Y 中有一个是不成词语素，那么 XY 就是词，而且同类结构也都是词，而不是词组。沈阳⑤指出，对于一个无法用其他定义确定为词的形式，可以与肯定是词的同结构的单位相比较，如长度一致，就可以确定为词。董秀芳⑥认为，按照句法标准，同一词法模式构成的都是词，因为它们在句法上的表现完全相同，都是作为一个最小的单位出现。只要我们承认词法的能产性，我们就不必仅仅因为某一结构的能产性而将其看作短语。同时，这样的方法可以使我们对同类语言结构的分析更为一致。因此，不带"的"的名名组合以及动名组合都应该视作词结构。那些现在尚未进入词库的词，理论上说，都有可能在将来进入词库。比如随着社会文化条件的变化，某些事物或行为、现象与人们的关系可能逐渐密切起来，那么它们相应的语言表达形式就可能从词法临时生成状态进入词库列表，成为一个稳定的词汇词。

---

① 吕叔湘：《说"自由"和"黏着"》，《中国语文》1962 年第 1 期。

② 吕叔湘：《汉语语法分析问题》，商务印书馆 1979 年版。

③ 王洪君：《试论汉语的节奏类型——松紧型》，《语言科学》2004 年第 3 期。

④ 陆丙甫：《核心推导语法》，上海教育出版社 1993 年版。

⑤ 沈阳：《现代汉语复合词的动态类型——谈谈语言教学中的一种词汇/语法单位范畴》，《语言教学与研究》1997 年第 2 期。

⑥ 董秀芳：《汉语的词库与词法》，北京大学出版社 2004 年版，第 126 页。

2.3.2 汉语作为第二语言教学的处理

二语者会创造出大量本族人语料中从未有过的语言结构，这使得本体中存在争议的词和词组的界限问题更加复杂化。比如，"*导游员""*演戏歌手""*爬山家"，究竟是词的问题还是短语的问题？李华①将其视作词的问题，是有道理的。因为，这是二语者构词能力不足而引发的偏误，归根结底是词的问题。

2.4 本章小结及本书观点

总的来说，界定的范围上，无论是"N"的范围，还是"X+N"的范围，本体窄，教学宽；内部的分类上，本体主张分类细致，教学倾向统一化处理。

由于本书的研究旨在服务于汉语作为二语的习得与教学，因此将研究对象界定在一个比较宽松的范围内，即：

"N"的范围宽：为了更加清楚地描写出由同一个"N"组合而成的"X+N"的习得发展情况，考察和研究对象包括"X+词根"，如"长子"；"X+类词缀"，如"胖子"；"X+典型词缀"，比如"主子"。同时，也包括一些尚存争议的派生词，如"科学家"（有学者认为是复合词）。

"X+N"的范围宽：不严格区分词和词组，研究对象可能包括一些尚存争议的词，如"美人"（有学者认为是词组）。

---

① 李华：《单音节表人名词的缀化及构词特征》，载张博主编《基于中介语语料库的汉语词汇专题研究》，北京大学出版社2008年版，第344页。

第 三 章

基于词间联想活动的表人名词
的提取与产出

3.1 研究目的

在基于词间联想的产词活动中，被试可能使用哪些方法产出他们知道的表示人的名词？这些方法，与本书的研究对象"X + N"表人名词有什么关系？二语者和母语者有何差异？是否呈现出相同的发展特征？如何用发展心理学的理论加以解释？以越南语、韩国语、英语为母语背景的二语学习者，又是否有差异？与语言类型学是否相关？这是本章试图回答的问题。

3.2 研究背景

关于母语者的语言习得，Eric Lenneberg① 最早提出语言习得的敏感期假设，即从出生到青春期（11—13 岁）前语言最容易习得，在这段时期，偏侧化的人类大脑随着语言功能的发展变得越来越专门化。发展心理学将语言发展分为四大重要里程碑阶段：0—1 岁感受

---

① Lenneberg, E. H., Chomsky, N., & Marx, O., *Biological foundations of language*, New York: Wiley and Sons, 1967.

言语辨别语音，1—2 岁出现第一批词，3—5 岁词汇量扩大，6 岁至青春期前词汇量显著扩大。[1][2] 心理学研究者史慧中[3]，刘平、孟庆娟[4]发现 1.5—6 岁的汉语儿童口语上最先习得实词中的表人名词和物质名词。而表人名词中的"爸爸""妈妈"作为首批习得的词初现于 11 个月至 1.5 岁；3—4 岁增加了关系最为密切的"奶奶""老师"；4—5 岁增加了亲属称谓词"舅妈""姨父"；5—6 岁扩大到关系较为疏远的"表哥""表姐"和"学生""工人""校长"等。

与上述研究对应的表人名词作为二语的研究，成果则更少。相关的研究仅仅局限在词类：Ellis[5] 指出，二语者同样是先学会名词，而不是动词或形容词。但名词中，先学会哪些词，后学会哪些词，我们未见相关研究。

Guilford[6] 是最早提出"发散思维"的概念的，在测试中被试面对一个开放性的问题需要想出尽可能多的答案，对同一问题想到的答案越多者发散思维流畅性越高。Christensen 和 Guilford[7] 将流畅性用于语言的词汇测试，让被试尽可能多地想出包含某个字母的单词。心理词汇组成网络，Richards[8] 提出，掌握一个词的标准之一为言语者能否进行词间联想，比如同义联想。认知心理学的语义关

---

① ［美］David R. Shaffer：《发展心理学——儿童与青少年》（第六版），邹泓等译，中国轻工业出版社 2005 年版，第 388 页。

② 周国光：《儿童语言习得理论的若干问题》，《世界汉语教学》1999 年第 3 期。

③ 史慧中：《3—6 岁儿童语言发展与教育》，载《中国儿童青少年心理发展与教育》，中国卓越出版公司 1990 年版，第 101、104 页。

④ 刘平、孟庆娟：《第一语言与第二语言词汇习得顺序研究》，《沈阳大学学报》2006 年第 3 期。

⑤ Ellis, Rod, "Modified oral input and the acquisition of word meanings", *Applied Linguistics*, 1995 (16): 409 – 441.

⑥ Guilford, J. P., "Creativity", *American Psychologist*, 1950 (5).

⑦ Christensen, P. R. and Guilford, J. P., *Word Fluency, Form A*, Beverly Hills, CA: Sheridan Supply, 1958.

⑧ Richards, J. C., "The role of vocabulary teaching", *TESOL Quarterly*, 1976 (10): 77 – 89.

联效应指出，如果一组概念在语义记忆中的关联度越紧密，心理检索就越快，提取也就越快。[①]

本章将研究范围界定在日常交际中最常用的表人词语上，考察母语者和二语者在词间同义联想活动中会采用哪些具体的提取方法[②]，存在哪些差异，差异说明哪些认知上的问题，并据此提出针对二语者的教学建议。

3.3 母语儿童与二语成人的共性与个性

以下从个案跟踪的角度，分析在词间联想活动中，有哪些主要的提取表人名词的方式；对比成人与母语儿童的共性与个性。并依据大规模群案测试数据，进行定量统计分析。

3.3.1 母语儿童与二语成人的个案跟踪报告

（1）母语儿童的个案跟踪报告

词间联想活动中，汉语儿童采用哪些方法提取和产出他们知道的表人名词？提取法的始现时间如何？与派生构词法又有何关系？为回答这些问题，我们跟踪考察了四名母语个案的发展过程。

母语个案1

3 岁[③]：

例 1

师：苹果是水果吗？

---

① Ashcraft. Mark H., *Cognition*, New Jersey: Prentice Hall, 2002.

② 周国光：《词汇的心理属性和词汇的体系性》，《华南师范大学学报》（社会科学版）2003 年第 1 期。

③ 实足年龄，下同。

生：是。

师：梨是水果吗？

生：是。

师：对。水果有苹果、梨、香蕉……老师是人吗？

生：是。

师：很好，老师是人，你还知道哪些人？

生：（沉默）

师：老师是人，爸爸也是人，你还知道哪些人？

生：（沉默）

可见，该母语儿童3岁时尚未发展出词间联想能力。

母语个案2

4岁：

例2

师：……你知道哪些人？

生：老师，孩子都是人，电视里的蘑菇，能跳，可能像人，精灵有手有脚，也是人，电视里的大树，会动，它是人。

可以看出，母语个案2在4岁时词间联想能力开始萌芽。

5岁：

例3

师：……你知道哪些人？

生：我的<u>妈妈</u>，<u>爸爸</u>。

师：还有吗？

生：<u>爷爷，奶奶，祖祖</u>。

师：很好，再想想，还有没有？

生：<u>姐姐，哥哥，阿姨，叔叔</u>，没有了。

可见，该名儿童5岁时已经发展出了根据亲属称谓关系进行词间联想的能力。

母语个案3

7 岁：

例 4

师：你知道哪些表示人的词？

生：妈妈，爸爸，爷爷，奶奶，哥哥，姐姐，［好人，坏人，<老人］，老婆，老师＞，服务员，警察，医生，经理，保安……

母语个案 3 在 7 岁时发展出了根据亲属称谓关系（如：妈妈、爸爸）、职业关系（如：警察、医生）和使用前替换（如：好人、坏人）、后替换（如：老人、老婆）进行词间联想的能力。[1] 这说明，该名儿童在 7 岁时已初步发展出后缀派生法的能力。

母语个案4

11 岁：

例 5

师：……你知道哪些表示人的词语？

生：妈妈，爸爸，爷爷，奶奶，［大哥，堂哥][2]，嗯，［好人，坏人，敌人］，<人类，［人民＞，村民，市民］，嗯，［残疾人，老人］，嗯，学生，老板，［教师，老师］，嗯，［好汉，坏汉］，［赌鬼，酒鬼］，［记者，作者，使者］，嗯，<表妹，表叔，表弟＞，［壮士，哦，博士］，清洁工，服务员，警察，医生，嗯，总统。

---

① 以下简称亲属法、职业法、前替法、后替法，语料中分别用"＿＿＿""…""［ ］""< >"标示。

② 我们认为"大哥、堂哥"的产出是亲属法和前替法同时作用的结果，因此亲属法和前替法各计 1 次。下同。

可见，母语个案 4 在 11 岁时仍然主要使用亲属、职业、前替、后替这四种提取法，并未增加新的提取和产出的方法。但使用这四种方法产出的词汇数量增加。

小结：对母语儿童的个案跟踪观察显示，儿童大约在 4 岁开始习得词间联想的能力，运用该能力产词的数量随年龄的增长而增加。常用词间联想提取法有亲属法、职业法、前替法、后替法四种。不同提取法的习得可能与年龄相关，亲属法可能早于其他三法。

（2）二语者的个案跟踪报告

词间联想活动中，二语成人使用哪些提取法来提取和产出他们知道的表人名词？二语成人与母语儿童有哪些共性与个性？为回答这些问题，我们对二语成人进行了相同的个案跟踪。二语个案 3（美国人）的发展如下。

2 个月①：

例 6

师：你知道哪些人的词语？Words referring to people?

生：Oh，[美国人，韩国人，法国人，turkey 人]。嗯，<老人，老师>，学生，oh，妈妈，爸爸，哥哥，弟弟，姐姐，妹妹。

4 个月：

例 7

师：你知道哪些人的词语？Words referring to people?

生：Ok，[人员，还有，营业员]，and，老师，学生，<同学，同，同，roommate，同人 or 同员>？嗯，大夫，病，病人。

---

① 表学习时间，下同。

6 个月：

例 8

师：你知道哪些人的词语？

生：Ok, I know［女人，男人］，［售货员，公务员］，［大士人。

师：什么？

生：Taxi。

师：的士。

生：哦，的士人，公士人？公士 is bus，做菜人，make food person］。嗯，＜老师，老人＞，［女朋友，男朋友］，嗯，［胖人，嗯，猫人，somebody who likes cats，病人］，大夫，and，there's another way to say doctor，something 生，I don't know。

师：医生。

生：Yes. And［开车人，飞机人］。And 爸爸，妈妈，哥哥，姐姐，弟弟，妹妹。

小结：对二语者的观察显示，二语者的提取法和母语者大致一致，即通过亲属法、职业法、前替法和后替法提取，运用词间联想法产词的数量随学习时间的增长而增加。但与母语儿童不同的是，二语成人在学习汉语之初就同时使用这四种提取方式，方式的始现与时间似乎无关。

3.3.2 基于群案测试的母语儿童和二语成人的发展特征

为更好地总结出母语儿童与二语成人的共性与个性，我们基于群案测试语料，进行了定量统计。

（1）产词数发展特征

母语者与二语者在 15 分钟内产出的表人名词的均数如下。

表3-1   母语者与二语者产出表人名词人均数   单位：个

	初一	初二	中一	中二	高级
母语者	11.7	18.6	36.6	46.8	80.5
二语者	23.6	33.2	38.4	47.0	55.2

为便于观察，我们将表3-1转换成图3-1。

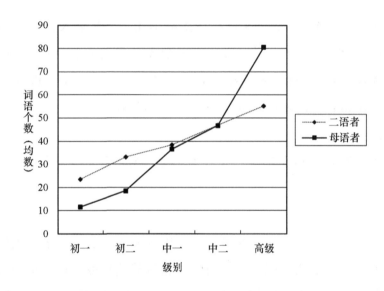

图3-1 母语者与二语者习得表人词语的发展

根据表3-1和图3-1，我们可以看出母语者和二语者的差异。

第一，横向对比，母语者词汇数初级阶段显著低于二语者，中级阶段与二语者持平，高级阶段显著高于二语者。

这表现在：初一组，母语者产词11.7个，二语者23.6个；此时，二语者出现"职员、记者、顾客、农民、工程师"等，而母语者却没有。初二组，母语者产词18.6个，二语者33.2个；此时，二语者出现"画家、乘客、国民、高材生、队员、网虫"等词，而母语者却没有。整个初级阶段母语者显著低于二语者（p<0.05）。

进入中一阶段，母语者产词36.6个，二语者38.4个；中二阶段，母语者产词46.8个，二语者47.0个。整个中级阶段母语者和二语者无显著差异（p＞0.05）。

到了高级阶段，母语者产词80.5个，二语者55.2个，母语者显著高于二语者（p＜0.05）。此时，母语者出现"军事家、政客、打工妹、草民、实习生、调酒师、烈士、童星、嗜酒者、监工、战友、上班族"等词，而二语者没有出现。

第二，纵向发展，母语者和二语者的习得发展都呈上升趋势，但母语者的增长快于二语者。这表现在：母语者，从11.7上升到80.5个；二语者，从23.6上升到55.2个。显然，与二语者相比，母语者在整个发展过程中的增长更为迅猛。

（2）提取法使用频数与连续产词数发展特征

初步考察发现，提取法使用频数受学习时间影响大，与时间的正相关度高；而提取法连续产词数基本不受学习时间的影响，与时间的正相关度低。例如：

例9

（6岁母语者）：<u>妈妈，爸爸，爷爷，奶奶，姐姐，弟弟</u>，〔好人，大人〕，服务员，学生，老师，校长，医生。

例10

（≥18岁母语者）：<u>丈夫，妻子，妈妈，爸爸，哥哥，姐姐</u>，〔男人，女人〕，<u>爷爷，奶奶，伯伯，妹妹，弟弟</u>，医生，护士，空姐，警察，经理，〔敌人，客人〕……

例9中，亲属法使用1次，连续产词6个；例10中，亲属法使用2次，第1次连续产词6个，第2次连续产词5个。同样地，例9中，前替法使用1次，连续产词2个；例10中，前替法使用2次，连续产词分别也是2个。可见，在整个发展过程中，母语者是依靠增加提取法的使用频率来实现更多的产词数，而并非增加连续产词个数，换句话说，连续产词数在整个发展过程中比较稳定，受时间影响较小。

统计证明，母语者和二语者均呈现出上述特征。母语者和二语者提取法使用频数和连续产词数统计结果见表3－2。

表3－2　　母语者与二语者四种提取法使用频数与连续产词数（均数）对照

		使用频数（次）					连续产词数（个）				
		初一	初二	中一	中二	高级	初一	初二	中一	中二	高级
母语者	亲属法	1.19	1.25	2.06	2.03	1.53	8.82	2.90	5.46	6.41	14.58
	职业法	0.30	0.56	2.31	2.53	4.60	2.14	3.10	6.62	4.96	7.89
	前替法	0.59	2.28	3.23	6.09	7.00	2.37	3.11	2.56	3.70	2.57
	后替法	0.78	0.31	1.52	2.13	5.80	2.02	2.00	2.57	2.44	2.38
二语者	亲属法	1.27	2.30	1.78	2.18	2.74	5.09	5.22	5.77	6.04	7.11
	职业法	1.29	1.33	2.33	3.00	3.70	4.26	3.36	5.45	4.18	4.87
	前替法	1.56	2.31	3.92	4.74	4.74	2.69	2.46	2.42	2.37	2.27
	后替法	0.41	1.10	1.05	1.43	2.45	2.13	2.04	2.35	2.23	2.37

为了更清晰地展现学习时间与提取法使用频数、学习时间与提取法连续产词数的关系，我们进行了 Spearman 相关分析，结果见表3－3。

表3－3　　学习时间与提取法使用频数、提取法与连续产词数相关系数

	使用频数				连续产词数			
	亲属法	职业法	前替法	后替法	亲属法	职业法	前替法	后替法
母语者学习时间	0.236	0.510	0.653	0.514	0.237	0.346	0.280	0.242
二语者学习时间	0.363	0.455	0.407	0.440	0.156	0.047	－0.208	0.125

从表 3 - 2 和表 3 - 3 可以看出，使用频数上，母语者前替法的使用频数受时间影响最大，从初一的 0.59 次发展到高级的 7.00 次，使用频数与时间的相关系数高达 0.653；其次是后替法和职业法：后替法频数从初一的 0.78 次发展到高级的 5.80 次，与时间的相关系数为 0.514；职业法频数从初一的 0.30 次发展到高级的 4.60 次，与时间的相关系数为 0.510。与母语者相比，二语者四法的使用频数虽然也随学习时间的增长而增加，但时间对二语者的影响不及对母语者的影响。连续产词数上，无论是母语者还是二语者，四法连续产词数与时间的相关系数都低于 0.35，相关性极低或者无相关关系：前替、后替两法上，两类学习者在任何级别的连续产词数都在 2—4 个；职业法上，二语者一直保持在 4—6 个；亲属法上，二语者一直保持在 5—8 个。

前替法是两类学习者最频繁使用的提取法：母语者从初二开始直到高级最频繁使用前替法，使用频数分别为 2.28 次、3.23 次、6.09 次、7.00 次；二语者在五阶段最频繁使用的提取法均为前替法，使用频数分别为 1.56 次、2.31 次、3.92 次、4.74 次、4.74 次。而亲属法是两类学习者连续产词数最多的提取法。

3.3.3　讨论

（1）在词汇的习得过程中，产词数量上，初级阶段，二语者多于母语者；发展到高级情况恰好相反，母语者多于二语者。原因如下。

其一，母语儿童对语言符号的习得是双习得，即概念和音响形象两种习得同时进行，而二语成人的习得是单习得，即只习得音响形象，基本不习得概念。索绪尔[①]最早提出语言符号是两面的心理

---

① ［瑞士］费尔迪南·德·索绪尔：《普通语言学教程》，高名凯译，商务印书馆 2002 年版，第 101 页。

实体，一面是概念，另一面是音响形象。皮亚杰[①]指出，语言作为符号功能的一种，始现于 1.5—2 岁之间。母语儿童在 2—7 岁的语言初级阶段既需习得概念又需习得音响形象，是一种双习得，而二语成人在 0—1 年的习得初期只习得词汇的音响形象，基本无需习得概念，因此，初级阶段母语儿童的习得任务远远重于二语成人，词汇产出显著低于二语者。等母语儿童发展到 8—11 岁这个较为成熟的中级阶段，所习得的概念与音响形象的交集刚好等同于学习时间为 1—2 年的二语成人的交集，因此表现出两类学习者词汇产出量的无差异现象。在这个阶段可能有两种情况：一种是母语儿童的概念习得量等同于二语成人的概念习得量，音响形象习得量等同于二语成人的音响形象习得量，交集相等；另一种是母语儿童的概念习得量还小于二语成人的习得量，而音响形象的习得量大于二语成人的习得量，母语儿童概念与音响形象的交集等同于二语成人的交集。这在言语活动中的表现是：母语儿童虽有一些概念还不知道，但凡是知道的概念都能表达；二语成人虽然知道很多概念，但许多概念不知道怎样表达。待到母语者发展到语言临界期（11—13 岁）之后，概念习得量已接近二语成人水平，但音响形象习得量远远大于二语成人，因此母语者的交集大于二语者的交集。此阶段的言语表现是：母语者能用音响形象自如地表达概念，而二语者知道很多概念却仍有部分无法表达。

其二，母语儿童在发展过程中同时完成的是词语和提取法能力的双习得，而二语成人早在其母语发展过程中就已完成了提取法的习得，在二语习得中只习得词汇，不必习得提取的能力。对母语者而言，亲属法是最早习得的词间联想提取法，在 4—5 岁就已比较成熟，而职业法、前替法、后替法习得时间相对晚些，始于 5 岁

---

①　转引自李丹主编《儿童发展心理学》，华东师范大学出版社 1987 年版，第 157 页。

之后。

（2）母语者逐渐发展出提取时重结构的倾向。相比而言，亲属、职业两提取法属语义层面，而前替、后替两提取法属结构层面。对两类学习者进行对比后发现，母语者前替、后替两法的使用频率增长非常快，从初、中级与其他两法无差异或差异不大发展到中、高级的差异显著，但亲属、职业两法的使用频率增长却比较平缓。这说明从不明显倾向于结构层面提取法到频繁使用结构层面提取法，母语者经历了一个逐渐发展的过程。而二语者并未表现出这样的发展过程，这是因为二语者早已习得四种提取法，结构层面提取法也早已成熟，在学习二语时无需再发展。

（3）前替法是表人词语词间联想言语活动中使用频率最高的一种提取法，这与现代汉语表人词语中存在大量可进行前替换的词语的语言事实密切相关。李华[1]曾指出，现代汉语前、中、后缀中，后缀数量最多，名词词缀、动词词缀和形容词词缀中，名词词缀的数量最多，在名词后缀中表人名词后缀又占了很大比例[2]。

3.3.4　对汉语作为二语教学的启示

（1）亲属法一直是二语者连续产词数最多的提取法，因此按亲属关系输入的生词可安排在初级教材的前几课，每课输入量可以较大，按照输入大于输出的原则，每课可大于等于6个[3]。

（2）前替法从初二开始一直是二语者使用频率最高的提取法，因此在初二段就可按此法输入，教材每隔几课输入一次，每次输入由同一后缀派生而成的名词，一课输入量不宜太多，按照输入大于

---

① 李华：《现代汉语表人名词后缀、类后缀考察》，硕士学位论文，北京语言大学，2003年，第3页。

② 包括类词缀。

③ 初一二语者运用亲属法一次连续产词为5.09个。

输出原则，每课可大于等于 3 个①。

3.4　以越南语、韩国语、英语
为母语的学习者的比较

　　第二语言习得是否受母语影响历来存在不同的理论观点，对比分析理论②认为母语对二语有直接的影响，二语习得特别是语法习得是语言间习惯的转换。Cliford Prator（1967）根据二语与母语差异的大小提出了二语习得的六等级困难模式。③ 创造结构理论④则认为，语言能力基于更一般的认知能力，二语习得主要受人脑中普遍认知系统的控制。相关理论⑤否认母语在习得中的作用，认为二语习得特别是语法习得受一般认知能力影响，是在二语内部创造的过程。

　　对于接触较早、日常交际中较为常用的表人名词，二语者在提取法的使用上是否会因母语的不同而存在差异？我们单独提取出越南语母语者、韩国语母语者和英语母语者⑥的语料，进行了分国别统计。选择这三类学习者的原因是：其一，他们的母语在语言类型学上分属孤立语、黏着语和屈折语三种不同类型，期望能从语言类型学的角度寻求解释；其二，在中国这三类汉语学习者数量多，希望研究结果能够有助于对其的教学。

---

　　① 初二二语者运用前替法一次连续产词为 2.46 个。

　　② Lado，R.，Linguistics Across Cultures：*Applied Linguistics for Language Teachers*，Ann Arbor：University of Michigan Press，1957.

　　③ 转引自周小兵、朱其智、邓小宁《外国人学汉语语法偏误研究》，北京语言大学出版社 2007 年版，第 71 页。

　　④ Duly H，Burt M，Krashen S.，*Language Two*，New York：Oxford University Press，1982.

　　⑤ Stephen D. Krashen，*The Input Hypothesis*：*Issues and Implications*，London：Longman，1985.

　　⑥ 以下简称越语母语者、韩语母语者、英语母语者。

本节从个案跟踪的角度，分析在词间联想活动中，以越南语、韩国语、英语为母语的学习者有哪些差异；依据大规模群案测试数据，进行定量统计分析；并从语言类型学的角度，解释差异存在的原因。

3.4.1　不同母语背景学习者的个案跟踪报告

个案 1（越语母语者）、个案 2（韩语母语者）、个案 3（英语母语者）的纵向发展情况如下。

（1）二语个案 2（韩语母语者）的纵向发展

2 个月：

例 11

师：……你知道哪些表示人的词语？

生：老师，学生，大夫，嗯，还有，<u>爸爸，妈妈，哥哥，姐姐，爷爷，奶奶</u>，对了，［中国人，韩国人，美国人，<老人］，老师＞。

师：（点头）还有吗？

生：（摇头）

学习之初，韩语母语者同时使用了 4 种提取法，即亲属法、职业法、前替法、后替法。每种提取法各使用 1 次。

6 个月：

例 12

师：……你知道哪些表示人的词语？

生：<u>爸爸，妈妈，爷爷，奶奶，哥哥，姐姐</u>，嗯，老师，警察，服务员，公务员。

师：很好。还有吗？

生：有，［中国人，韩国人］，维修员，清洁工，<u>妹妹，弟弟，</u>

叔叔，儿子，女儿，[孩子，骗子]。

师：（点头，看着她）

生：Oh，还有，<老人，老板>。

发展到 6 个月的时候，亲属法、职业法、前替法各使用 2 次，后替法使用 1 次。

1 年：

例 13

师：……你知道哪些表示人的词语？

生：哥哥，姐姐，爷爷，奶奶，老婆，嗯，[中国人，韩国人，美国人]。

师：（点头，看着她）

生：还有，警察，厨师，清洁工，维修员。

师：（点头，看着她）

生：还有，儿子，女儿，外婆，妻子，嗯，教授，老师，医生，[专家，作家]。

师：很好，还有吗？

生：<小伙子，小姑娘>。

师：再想想，还有吗？

生：还有，<老师，老人>。（摇头，表示"没有了"）

该学生发展到 1 年时，亲属法、职业法、后替法，前替法各使用 2 次。

总结：纵观韩语母语者的整个发展过程，四种提取法的使用频率都有所增长。对比四种提取法的使用频率，没有发现某种提取法显著增长的现象。

（2）二语个案 1（越语母语者）的纵向发展

2 个月：

例 14

师：……你知道哪些表示人的词语？

生：爸爸，妈妈，还有，妹妹，姐姐，哥哥，弟弟，oh，老师，学生，售货员。

师：（点头）还有吗？

生：嗯，嗯，还有，［越南人，日本人，中国人］（摇头，表示"没有了"）。

在学习之初，越语母语者使用了亲属、职业、前替三种提取法，每种方法各使用 1 次。

6 个月：

例 15

师：……你知道哪些表示人的词语？

生：［越南人，韩国人，中国人］，嗯，嗯，我知道，妈妈，爸爸，姐姐，妹妹，＜老师，老人，老……，老……＞

师：老什么？

生，老……，老……，忘了。Oh，医生，售货员，司机，警察。

师：还有吗？

生：（摇头）没有。

发展到 6 个月的时候，增加了后替法（老师、老人）。每种方法各使用了 1 次。

1 年：

例 16

师：……你知道哪些表示人的词语？

生：爸爸，妈妈，哥哥，妹妹，oh，姐姐，弟弟，嗯，嗯，还有，奶奶，爷爷，嗯，<老师，[老人>，嗯，男人，女人]，保安，警察，护士，医生，大夫，服务员。

师：还有吗？

生：哦，还有，<小姐，小伙子，小……，小……。

师：（期待地看着她）小什么？

生：哦，小偷>。还有，教师，商人，记者，售票人，消防员，歌手。

师：（点头）很好。

生：哦，还有，<同学，同事>。哦，儿子，女儿，丈夫，妻子，<老婆，老板>，外婆。

师：（点头）

生：[中国人，美国人，越南人]。

发展到 1 年的时候，该学习者使用亲属法 2 次，职业法 2 次，前替法 2 次，后替法 4 次。后替法成为该学生最频繁使用的提取法。值得关注的是，该例中，学生产出词语的顺序是"老婆，老板，外婆"，而不是"老婆，外婆，老板"；这说明，在越语母语者的心理词典中，与前替法相比，后替法是其优先选用的方法。

总结：综上所述，纵观整个发展过程，越语母语者逐渐发展出使用后替法（老师、老人）的倾向性，这表现在：2 个月时，没有使用后替法；到了 1 年时，后替法增长到了 4 次，成为该学生最频繁使用的提取法。这说明，随着学习时间的增加，越语母语者的心理词典中，表人词语开始逐渐倾向于按照后替换的方式组成网络。

（3）二语个案3（英语母语者）的纵向发展

2个月：

（同例6）

师：你知道哪些人的词语？Words referring to people?

生：Oh, ［美国人，韩国人，法国人，turkey 人］。嗯，＜老人，老师＞，学生，oh，妈妈，爸爸，哥哥，弟弟，姐姐，妹妹。

学汉语之初，即 2 个月时，该学生同时使用亲属、职业、前替、后替四种方法，每种方法各使用 1 次。

6个月：

（同例8）

师：你知道哪些人的词语？

生：Ok, I know ［女人，男人］，［售货员，公务员］，［大士人。

师：什么？

生：Taxi。

师：的士。

生：哦，的士人，公士人？公士 is bus，做菜人，make food person］。嗯，＜老师，老人＞，［女朋友，男朋友］，嗯，［胖人，嗯，猫人，somebody who likes cats，病人］，大夫，and，there's another way to say doctor，something 生，I don't know。

师：医生。

生：Yes. And ［开车人，飞机人］。And 爸爸，妈妈，哥哥，姐姐，弟弟，妹妹。

发展到 6 个月的时候，该学生使用亲属法 1 次，职业法 2 次，前替法 6 次，后替法 1 次。可见，使用频率上，前替法的增长比较明显。

1年：

例17

师：你知道哪些人的词语？Words referring to people?

生：Ok. 大夫，病人，保安，营业员，<u>爸爸，妈妈，哥哥，姐姐</u>，[妻子，偷子]。

师：What's 偷子？

生：That's thief.

师：小偷。

生：Oh, yes. <小偷，小孩>，护士，工程师，警察，<同学，同屋>，[农人。

师：农人？

生：Yes, farmer。

师：（点头）

生：Oh, 美国人，老人]，[明星，唱歌星]，嗯，yes，<儿童，儿子>，女儿，妹妹，弟弟，<同志，同事，同，同……>，I forget。

师：（看着他，示意继续）

生：<老师，老伴>，means husband or wife。

师：（点头）

生：And [美容师，魔法师]，like Harry Potter。

师：（点头）

生：Oh, yes，<女士，[女人>，白人，黑人]，and，[男生，女生，学生]。

师：还有吗？

生：Oh, yes，[空姐，<小姐]，小人>（摇头）。That's all.

发展到1年的时候，该学生使用亲属法2次，职业法2次，前替法7次，后替法7次。可见，使用频数上，亲属法和职业法增长不多，但前替法和后替法增长明显。

总结：纵观英语母语者的整个发展过程，随着学习时间的增加，其前替和后替两种提取法的使用频率增长明显；这说明，在英语母语者的心理词典中，表人名词逐渐倾向于按照前替换、后替换的方式组成网络。

3.4.2 基于群案测试的越语母语者、韩语母语者、英语母语者的差异

为更好地展现越语母语者、韩语母语者、英语母语者的差异，我们基于群案测试语料，进行了定量的统计分析。

被试与语料：越语组 139 人（初级 26 人、中级 52 人、高级 61 人）；韩语组 110 人（初级 29 人、中级 59 人、高级 22 人）；英语组 87 人（初级 24 人、中级 45 人、高级 18 人）。3 组均为成人（≥18 岁）。

三类型学习者的发展特征如下。

（1）产词数发展特征

初级、中级、高级三个水平上，三类型学习者 15 分钟内产出的表人名词数量（均数）如表 3-4、图 3-2 所示。

表 3-4　　　越语、韩语、英语母语者产出表人名词数（均数）　　　单位：个

	初级	中级	高级
越语母语者	23.5	39.9	52.9
韩语母语者	25.7	46.1	54.5
英语母语者	20.5	45.5	68.6

横向对比可见，初级和中级阶段，越语母语者、韩语母语者和英语母语者产词数无差异（$p > 0.05$）；而到了高级阶段，英语母语

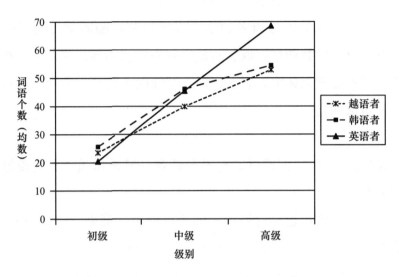

图3-2　越语、韩语、英母语者表人名词数发展

者（68.6个）显著高于韩语母语者（54.5个）和越语母语者（52.9个）（p<0.05）。

纵向发展可见，虽然三类型学习者的产词数发展都呈上升趋势，但英语母语者在整个发展过程中的增长最迅猛：英语母语者从20.5个发展到68.6个，增长了48.1个；而韩语母语者从25.7个发展到54.5个，增长了28.8个；越语母语者从23.5个发展到52.9个，增长了29.4个。

（2）提取法使用频数发展特征

三类学习者四种提取法使用频数（均数）如下。

表3-5　　越、韩、英语母语者四种提取法使用频数（均数）　　单位：次

		初级	中级	高级	平均值
越语母语者	亲属法	0.88	1.67	2.86	1.80
	职业法	2.27	2.54	3.64	2.82

续表

		初级	中级	高级	平均值
越语母语者	前替法	1.23	3.78	3.68	2.90
	后替法	0.19	1.35	2.55	1.36
韩语母语者	亲属法	1.86	2.14	2.77	2.26
	职业法	1.03	3.18	4.36	2.86
	前替法	1.72	4.79	5.14	3.88
	后替法	0.69	1.11	1.27	1.02
英语母语者	亲属法	1.38	2.24	2.38	2.00
	职业法	0.81	2.74	3.75	2.43
	前替法	1.52	4.64	7.69	4.62
	后替法	0.38	1.26	3.06	1.57

由表 3 – 5 可见，提取法使用频数上的特征如下。

第一，总的来说，随着学习时间的增长，四种提取法的使用频数都在增加。

第二，单种提取法的使用频数：亲属法，韩语母语者高于其余两类学习者；这体现在平均频数上，韩语母语者（2.26 次）高于英语母语者（2.00 次）和越语母语者（1.80 次）。韩语母语者的这种倾向性，在初级阶段最为明显：初级时，韩语母语者（1.86 次）远远高于英语母语者（1.38 次）和越语母语者（0.88 次）。前替法和后替法，英语母语者高于其余两类学习者：前替法平均频数，英语母语者（4.62 次）高于韩语母语者（3.88 次）和越语母语者（2.90 次）；后替法平均频数，英语母语者（1.57 次）高于越语母语者（1.36 次）和韩语母语者（1.02 次）。

第三，纵观三类学习者的整个发展过程，提取法的使用频数上，越语母语者，后替法增长明显，前替法却增长缓慢；英语母语者，前替法和后替法增长都非常迅猛，且前替法的增长快于后替法的增长；而韩语母语者，前替法、后替法的增长都比较缓慢（同时参见图 3 – 3、图 3 – 4）。

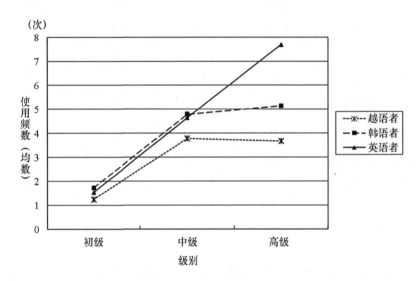

图 3 – 3　越语、韩语、英语母语者前替法使用频数比较

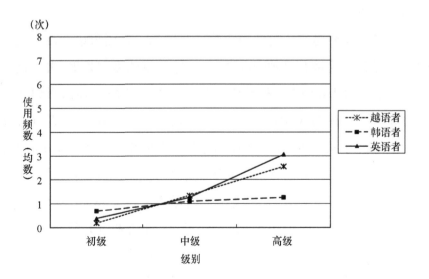

图 3 – 4　越语、韩语、英语母语者后替法使用频数比较

（3）提取法连续产词数发展特征

以下我们统计了三类学习者使用提取法连续产词的个数。比如，被试 A 使用亲属法 2 次，第 1 次产词 4 个，第 2 次产词 8 个。那么，该被试使用亲属法连续产词的个数为 6［（4＋8）／2］个。

表 3－6　　越语、韩语、英语母语者四种提取法连续产词数（均数）　　单位：个

		初级	中级	高级
越语母语者	亲属法	4.71	7.85	6.86
	职业法	5.57	6.66	5.14
	前替法	2.68	2.28	2.21
	后替法	2.00	2.24	2.38
韩语母语者	亲属法	4.93	4.90	5.57
	职业法	2.97	5.26	4.46
	前替法	2.71	2.48	2.31
	后替法	2.00	2.26	2.20
英语母语者	亲属法	5.76	5.21	7.37
	职业法	3.70	3.87	5.22
	前替法	2.30	2.36	2.60
	后替法	2.00	2.30	2.30

由表 3－6 可见，提取法的连续产词数特征如下。

第一，总的来说，连续产词数受习得时间的影响不大，即不随学习时间的增加而明显增加。

第二，提取法之间相比：亲属法连续产词量最高，为 4—8 个；职业法次之，为 2—7 个；前者、后替两法最少，为 2—3 个。三类母语者都是如此。

3.4.3 讨论

综上所述，提取法的使用频数上，比较三类学习者，我们发现：初级阶段，韩语母语者更倾向使用亲属称谓法。发展到高级阶段，英语母语者的前替法和后替法增长迅猛；越语母语者仅仅是后替法增长迅猛；而韩语者前替法和后替法的增长都比较缓慢。这是什么原因呢？我们认为，这是母语对学习者的影响。该影响可分为以下两个方面。

（1）母语亲属称谓词系统的繁简程度，影响初级汉语学习者心理词汇的组成、提取和产出方式。

赵钟淑①认为，由于韩语比汉语更重视区分性别和长幼，因此亲属称谓词上，韩语比汉语分得更细。据她统计，敬谦、面称背称两大系统中，韩语有 249 个亲属称谓词，而汉语只有 195 个。而阮式翠幸②对汉越亲属称谓词中父、母、夫、妻四大系统进行的对比分析显示，汉语亲属称谓词比越语更庞杂，四大系统中，汉语词共有 167 个，越语词共有 91 个。这是因为，汉语有书面语和口语之别而越语没有。胡雯③对汉英亲属称谓词的直、旁和姻亲三大系统进行了对比，提出汉语的亲属称谓系统比英语繁复，她统计出三系中汉语共有 71 个词语，而英语只有 25 个。这是因为，汉语更重视区分父母系、年龄和性别。

由此可以看出，亲属称谓词系统，韩语比越语、英语复杂庞大；称谓词数量，韩语比越语、英语多。因此，在韩语母语者的心理词汇中，汉语表人词语更多地按亲属关系组成网络，韩语母语者

① 赵钟淑：《中韩现代亲属称谓语研究》，博士学位论文，山东大学，2008 年，第 52—53、109 页。

② 阮氏翠幸：《现代汉语与越南语亲属称谓语对比研究及其文化内涵》，硕士学位论文，西南师范大学，2004 年，第 20—24 页。

③ 胡雯：《英汉亲属称谓及虚构亲属称谓对比研究》，硕士学位论文，武汉理工大学，2008 年，第 29—34 页。

更倾向于使用亲属法来存储和提取，亲属法的使用频数也就最高。亲属法属于语义联想法，这种母语语义对汉语习得的影响，主要作用于较低级别的学习者。

（2）母语构词法，影响高级汉语学习者心理词汇的组成、提取和产出方式。

英语主要采用派生法构词，如表 3 - 7 所示。

表 3 - 7　　　　　　　　　英语派生构词法示例

构词法		词例				
前缀法	英语词	anti - war	post - war	mis - lead	super - natural	un - happy
	语素译	反 - 战	以后 - 战争	误 - 导	超 - 自然	不 - 高兴
	汉语词	反战	战后	误导	超自然	难过
后缀法	英语词	enthusi - ast	creat - or	interview - ee	engin - eer	work - er
	语素译	热心 - 者	创造 - 者	被采访 - 者	工程 - 师	工 - 人
	汉语词	热心者	创造者	被访者	工程师	工人

与英语相比，汉语主要采用复合法构词。汪洪澜[1]统计发现，英语中，派生词占合成词的 63.3%；而汉语中，派生词只占合成词的 3.4%。两个原因造成该差异：第一，英语词缀的数量远远多于汉语词缀的数量。据汪洪澜[2]的统计，英语有 138 个前缀和 210 个后缀，而汉语只有 80 多个前后缀（包括类前缀和类后缀）。第二，英语词缀的构词能力大大强于汉语词缀。刘娅莉[3]以《朗文英语词典》和《现代汉语词典》为语料库进行了穷尽性统计，检索到了 1309 个

---

① 汪洪澜：《汉英构词法比较》，《固原师专学报》1995 年第 2 期。
② 汪洪澜：《汉英派生词比较研究》，《宁夏大学学报》（哲学社会科学版）1997 年第 4 期。
③ 刘娅莉：《英汉构词后缀 "- er" "- 者" 的对照分析》，硕士学位论文，四川大学，2006 年，第 7 页。

"X-er"和22个"X-者"。初、中级时，英语母语者对汉语构词法知识了解不多，因此在前替、后替两法的使用频率上与越语、韩语母语者无差异；但到了高级，他们具备了一定的汉语名词构词知识，母语的派生构词法意识起到了正迁移作用，因此在提取时频繁使用前替、后替法。同时，也因为汉语表人名词中有相当大一部分后缀派生词①，这导致英语母语者前替法的使用频率高于后替法。

在越南语中，偏正式合成词由两个或两个以上语素构成。在意义和结构上，其中一个语素（或复合语素）是主要构词成分，另一个语素（或复合语素）是次要构词成分。次要成分对主要成分起修饰、限制、补充等作用。这样的偏正式合成词中，双音节词占绝大部分。在越语词（非外来词）中，"绝大部分词，主要意义的语素在前，次要意义的语素在后"②，即"正+偏"式。这与汉语名词"偏+正"的构词顺序恰好相反，如表3-8所示。

表3-8   越南语"正+偏"式派生构词法示例

越语词	语素译	汉语词	越语词	语素译	汉语词
nhà + X	家 + X	X + 师/家	thà + X	工 + X	X + 匠/工
nhà giáo	家 教	教师	thà khoá	工 锁	锁匠
nhà khoa hoc	家 科学	科学家	thà giặt	工 洗	洗衣工
nhà kinh doanh	家 经营	企业家	thà điên	工 电	电工
thày + X	师 + X	X + 师/生			
thày giáo	师 教	教师			
thày thuõc	师 药	医生			
thày cãi	师 争辩	律师			

---

① 李华：《现代汉语表人名词后缀、类后缀考察》，硕士学位论文，北京语言大学，2003年，第3页。

② 黄敏中、傅成劼：《实用越南语语法》，北京大学出版社1997年版，第21页。

初级时，越南学生对汉语构词法了解不多；但到了高级阶段，在具备了一定的汉语名词构词知识后，母语中"正＋偏"的构词法起到了正迁移作用。该作用包括，第一，致使越南学生频繁使用后替法；第二，阻碍越南学生使用前替法。

因此，表人词语在英语母语者心理词汇中倾向于按前、后替换的方式组成网络；在越语母语者心理词汇中倾向于按后替换的方式组成网络。前、后替换法属于结构联想法，这种母语词法结构对汉语习得的影响，作用于二语习得的高级阶段。

3.4.4　针对以越语、韩语、英语为背景的学习者的教学建议

（1）对于越语母语者，初级阶段可更多地按职业关系输入，到了高级阶段可多按后替换关系输入。

（2）虽然亲属称谓词在汉语教学中是难点，但对韩语母语者输入的亲属称谓词总量可略多于越语、英语母语者。

（3）高级阶段，按前、后替换（特别是前替换）关系输入的表人名词数量，英语母语者可远远多于越语母语者、韩语母语者。按照输入大于输出的原则，英语母语者可比越语、韩语母语者多14—16个；

（4）对于一次性（比如一课）输入的词语量，按亲属关系输入的应最多，按职业关系输入的次之，按前、后替换关系输入的应较少。

3.5　本章创新点小结

本章基于词间联想言语活动，对二语者习得汉语表人名词进行了个案跟踪和群案测试，同时，对母语者进行了相同的个案跟踪和群案测试，作为参照。

二语者与母语者的对比显示：

发展的普遍特征：

（1）常用提取法有亲属法（如"妈妈、爸爸"）、职业法（如"老师、警察"）、前替法（如"中国人、美国人"）、后替法（如"老人、老师"）四种。

（2）前替法的使用频数最高，这说明，后缀派生构词法在词汇产出活动中起着至关重要的作用。亲属法的连续产词数最多。

（3）学习时间只影响提取法的使用频数（如初级阶段，使用前替换法1次；高级阶段，使用前替法4次），不影响提取法的连续产词数（如无论是初级还是高级，前法连续产词数均为3个）。

对比二语者与母语者，产词数量上：

初级阶段，二语者多于母语者；而到了高级阶段，情况正好相反，母语者多于二语者。这既归因于母语者的"词汇、提取法双习得"和二语者的"词汇单习得"，也归因于母语者的"概念、音响形象双习得"和二语者的"音响形象单习得"。

比较越语、韩语、英语三类母语背景者的学习者，发现：

（1）在初级到高级的整个发展过程中，提取法的使用频率上，英语母语者，前替、后替两法增长迅猛；越语母语者，仅后替法增长迅猛，而前替法增长缓慢；韩语母语者，则没有出现增长迅猛的情况。这是受到了母语构词法的影响：英语主要使用派生构词法，故在英语母语者的心理词汇中，汉语表人名词主要按前替换或后替换的方式组成网络。语名词采用"正+偏"式构词法，故在越语母语者的心理词汇中，汉语表人名词主要按后替换的方式组成网络。这种母语词法结构对汉语习得的影响，仅作用于较高级别的学习者。

（2）韩语母语者对亲属法有很强的倾向性，在初级阶段尤为明显。这是因为，韩语的亲属称谓词系统比汉语、越语和英语都要庞大繁复，故在韩语母语者的心理词汇中，汉语表人词语更多地按亲属关系组成网络。这种母语词汇繁复程度对汉语习得的影响，主要作用于较低级别的学习者。

第 四 章

表人语素 N 语义泛化过程与
习得发展过程的对比

4.1 研究目的、材料、方法

表人语素 N，内部又可分为词根 N（实义）、类词缀 N（类化义）、典型词缀 N（羡余义）。从实义 N 到羡余义 N，构成了一个由实变虚的语义连续体。那么，N 的语义泛化过程是否与习得过程一致？二语习得与母语习得有哪些共性？二语习得又展现出哪些个性呢？习得研究的成果，能否对本体的研究有所推进？这是本章试图回答的问题。

本章使用横向群案测试语料。二语者语料分别为三个级别，即：初级（学习汉语 0—1 年）、中级（学习汉语 1—2 年）、高级（学习汉语 2—3 年）。同时以母语者三个级别的测试语料作为参照，即：初级（4—5 岁）、中级（8—9 岁）、高级（≥18 岁）。

4.2 研究背景

现代汉语中，同一个 N，在和不同的 X 结合时，语义的虚实程度也不尽相同。现代汉语本体研究根据 N 语义的泛化程度（虚空程度），将 N 定义为不同性质的语言成分，如：词根、类词缀、典型词缀（李华①；傅兴岭、陈章焕②；王力等③；富丽④；陈秋祥、许威汉⑤；董秀芳⑥；杨可人⑦；王光全⑧）。本体研究对该问题已经讨论得比较深入，虽然分歧仍然很多。本书在文献综述部分（详见本书 2.2 节）已经对各家的观点和分类进行过比较全面的概括，此处不再赘述，只举 2 例说明。

友1：朋友　好友　盟友　校友

友2：书友　棋友　歌友　戏友　车友　笔友　饭友　网友
驴友　球友　牌友

"友1"表"有友好关系的人"，义素为［＋人］［＋关系好］，为实义，是词根；"友2"表"一类有共同爱好的人"，义素为［＋人］，为类化义，意义比较虚空，是类词缀。再如：

子1：太子　王子　败家子

子2：傻子　疯子　呆子

子3：儿子　老头子　新娘子

"子1"表"子女"，义素为［＋人］［＋子嗣］［＋男］，为实义，是词根；"子2"表"一类人"，义素为［＋人］，为类化义，是类词缀；"子3"是羡余成分，即使删除也不影响词汇的整体意义，为典型词缀。

---

① 李华：《现代汉语表人名词后缀、类后缀考察》，硕士学位论文，北京语言大学，2003 年。

② 傅兴岭、陈章焕主编：《常用构词字典》，中国人民大学出版社 1982 年版。

③ 王力主编：《古汉语字典》，中华书局 2000 年版。

④ 富丽：《现代汉语类词缀研究——兼论附缀字组的成词及词库收词问题》，硕士学位论文，北京大学，2001 年。

⑤ 陈秋祥、许威汉主编：《汉字古今义合解字典》，上海教育出版社 2002 年版。

⑥ 董秀芳：《汉语的词库与词法》，北京大学出版社 2004 年版，第 99—101 页。

⑦ 杨可人：《现代汉语类后缀的语法语义研究》，硕士学位论文，北京语言大学，2006 年，第 21 页。

⑧ 王光全：《构词域与后缀"－子"的语义问题》，《世界汉语教学》2009 年第 3 期。

我们感兴趣的问题是，N 的语义泛化过程与 N 的习得过程相同吗？另外，二语习得与母语习得是否有差异？

为了叙述的方便，我们将表示实义的 N 简称为"实义 N"或"N1"（如"子1"），将表示类化义的 N 简称为"类化 N"或"N2"（如"子2"），将羡余成分的 N 简称为"羡余 N"或"N3"（如"子3"），将这 3 类 N 统称为"N_i"。

4.3 习得发展过程

我们按照 N 的语义分类，对共计 70 个 N_i（见本书 2.2 节）进行了习得过程的考察。

4.3.1 由表人名词虚化而来的 N 的习得过程

（1）由泛指人类、族类的词虚化而来——人、民、族

根据本书 2.2 节的分类，我们将这 3 个 N 细分为：

人1：穷人　游人　　　实义　　　众人

人2：音乐人　摄影人　类化义　擅长某事并以此为职业的一类人

人3：犯人　客人　　　羡余义　　多余成分，可删除

民1：市民　饥民　　　实义　　　人民、百姓

民2：烟民　彩民　　　类化义　具有某种特征的一类人

族1：民族　种族　　　实义　　　族类

族2：上班族　月光族　类化义　一类人

先看二语者的习得情况：

表 4 - 1　　　　　　　"人、民、族" 二语者始现情况

	人 1	人 2	人 3	民 1	民 2	族 1	族 2
初级	+		+	+		+	
中级	+		+	+		+	+
高级	+	+	+	+	+	+	+

根据表 4 - 1，我们可以总结出二语者的习得过程：

初级阶段，二语者习得的是 "人 1、人 3、民 1、族 1"。诸如 "北京人、老人（人 1）、客人、犯人、工人（人 3）、市民、平民（民 1）、汉族、家族（族 1）" 等词始现。

发展到中级阶段，始现 "族 2"，比如 "旅行族、上班族"。

高级阶段习得 "人 2"，如 "诗人、文人、？农人、？渔人"。

再看母语者的习得过程：

表 4 - 2　　　　　　　"人、民、族" 母语者始现情况

	人 1	人 2	人 3	民 1	民 2	族 1	族 2
初级	+		+	+			
中级	+	+	+	+		+	
高级	+	+	+	+	+	+	+

根据表 4 - 2，我们可以看出母语者的习得过程：

初级阶段（4—5 岁），儿童习得的是 "人 1、人 3、民 1"。诸如 "盲人、美人（人 1）、客人、工人（人 3）、居民、农民（民 1）" 等词始现。

到中级阶段（8—9岁），儿童习得"族1、人2、民2"。诸如"民族、傣族（族1）、上班人（人2）、股民（民2）"等词始现。

发展到高级阶段（≥18岁），"族2"始现，如"飞车族、单身族、工薪族、工作族、啃老族、汽车族（族2）"。

对比表4-1和表4-2，我们发现二语者与母语者的共性特征、二语者的个性特征。

二语者与母语者习得共性：

共性1：同一个N，其实义N的习得早于类化N的习得；或者同时习得。如"人1"早于"人2"。

共性2：同一个N，其羡余义N的习得早于类化义的N的习得。如"人3"早于"人2"。

共性3：初级阶段的主要任务是实义N和羡余N的习得；中级和高级阶段的主要任务是类化N的习得。

二语者的习得个性：

个性1：初期习得的N_i的数量，二语者多于母语者。二语者习得了"族1"而母语者没有。

个性2：各个类化N的习得顺序，二语者与母语者不同。二语者中级时习得了"族2"却没有习得"人2、民2"；母语者中级时习得了"人2、族2"却没有习得"民2"。

（2）由表"男人"的词虚化而来——子、士、夫、丁、生、汉、佬

根据本书2.2节的分类，我们将这7个N细分为：

子1：太子 长子	实义	子女
子2：胖子 才子	类化义	一类人
子3：儿子 主子	羡余义	多余成分，可删除
士1：将士 勇士	实义	勇猛的（军）人
士2：教士 护士	类化义	从事某种工作的一类人

夫1：姐夫　前夫　　　　实义　　　　女子的配偶、成年男人

夫2：车夫　挑夫　　　　类化义　　　从事某种工作的一类人

丁1：人丁　壮丁　　　　实义　　　　成年人

丁2：家丁　园丁　　　　类化义　　　从事某种工作的一类人

生1：考生　男生　　　　实义　　　　学习的（男）人

生2：医生　服务生　　　类化义　　　从事某种工作的一类人

汉1：硬汉　庄稼汉　　　实义　　　　男人

汉2：门外汉　　　　　　类化义　　　一类人

佬1：阔佬　财主佬　　　实义　　　　成年男人

佬2：美国佬　外国佬　　类化义　　　一类人

先看二语者的习得情况：

表4-3　　　"子、士、夫、丁、生、汉、佬"二语者始现情况

	初级	中级	高级
子1	+	+	+
子2		+	+
子3	+	+	+
士1	+	+	+
士2	+	+	+
夫1	+	+	+
夫2		+	+
丁1		+	+
丁2		+	+
生1	+	+	+
生2	+	+	+
汉1	+	+	+
汉2		+	+
佬1	+	+	+
佬2		+	+

根据表4-3，我们可以总结出二语者的习得过程：

初级阶段，二语者习得"子1、子3、士1、士2、夫1、生1、生2、汉1、佬1"。诸如"独子、长子（子1）、儿子、女孩子、男孩子（子3）、兵士（士1）、护士、博士（士2）、姐夫（夫1）、男生、研究生（生1）、医生（生2）、大汉（汉1）、大佬（佬1）"等词始现。

发展到中级阶段，二语者继续习得"丁1、子2、夫2、丁2、汉2、佬2"。比如"人丁、壮丁（丁1）、聋子、胖子、骗子（子2）、车夫、船夫、轿夫（夫2）、?花丁、园丁（丁2）、门外汉（汉2）、美国佬（佬2）"等词始现。至此，二语者已经完成7个N的习得。

再看母语者的习得过程：

表4-4　　　"子、士、夫、丁、生、汉、佬"母语者始现情况

	初级	中级	高级
子1	+	+	+
子2		+	+
子3	+	+	+
士1	+	+	+
士2			+
夫1		+	+
夫2		+	+
丁1		+	+
丁2		+	+
生1	+	+	+
生2	+	+	+
汉1	+	+	+
汉2		+	+
佬1		+	+
佬2		+	+

根据表4-4，我们总结出母语者的习得过程：

初级阶段（4—5岁），儿童习得"子1、子3、士1、生1、生2、汉1"。诸如"长子（子1）、儿子、女孩子、男孩子（子3）、武士（士1）、学生、书生（生1）、医生（生2）、大汉（汉1）"等词始现。

发展到中级阶段（8—9岁），儿童继续习得"子2、夫1、夫2、丁1、丁2、汉2、佬1、佬2"。诸如"傻子（子2）、姨夫、姐夫（夫1）、农夫、船夫（夫2）、壮丁（丁1）、园丁、家丁（丁2）、?女汉（汉2）、大佬（佬1）、乡巴佬、?渔佬（佬2）"等词始现。

待到高级阶段（≥18岁），母语者始现"士2、子2"，比如"护士、教士（士2）、呆子、疯子、骗子（子2）"等词。

对比表4-3与表4-4，我们发现二语者与母语者的共性特征、二语者的个性特征：

二语者与母语者习得共性：

共性1：同一个 N，其实义 N 的习得早于类化 N 的习得；或者同时习得。如"子1"的习得早于"子2"的习得。

共性2：同一个 N，其羡余 N 的习得早于类化 N 的习得。如"子3"的习得早于"子2"的习得。

二语者的习得个性：

初级阶段习得的 N_i 的数量，二语者多于母语者：二语者习得了9个，母语者只习得了6个。

（3）由表示从事某职业或具有某身份的人的词虚化而来——匠、工、倌、客、师、徒、友、员

根据本书2.2节的分类，我们将这8个 N 细分为：

匠1：花匠　　木匠　　实义　　手艺工人

匠2：教书匠　巨匠　　类化义　跟某种"手艺"有关的一类人

工1：帮工　　泥工　　实义　　从事体力劳动且社会地位较
　　　　　　　　　　　　　　　低的人

工2：特工　　职工　　类化义　有工作的一类人

倌1：堂倌　　羊倌　　实义　　从事某工作的人

倌2：老倌　　　　　　类化义　一类人

客1：游客　　顾客　　实义　　外来的人

客2：剑客　　黑客　　类化义　一类人

师1：导师　　老师　　实义　　传授知识或有知识的人

师2：厨师　　会计师　类化义　擅长某事并以此为职业的人

徒1：学徒　　信徒　　实义　　弟子

徒2：暴徒　　匪徒　　类化义　品德差、做坏事的一类人

友1：密友　　校友　　实义　　同一团体的人

友2：棋友　　茶友　　类化义　一类人

员1：会员　　社员　　实义　　成员

员2：演员　　售货员　类化义　一类人

先看二语者的习得情况：

表4-5　　"匠、工、倌、客、师、徒、友、员"二语者始现情况

	初级	中级	高级
匠1	+	+	+
匠2	+	+	+
工1	+	+	+
工2	+	+	+
倌1		+	+
倌2		+	+
客1	+	+	+
客2		+	+
师1	+	+	+

续表

	初级	中级	高级
师 2	+	+	+
徒 1	+	+	+
徒 2		+	+
友 1	+	+	+
友 2		+	+
员 1	+	+	+
员 2	+	+	+

根据表 4-5，我们总结出二语者的习得过程：

初级阶段，二语者习得"匠 1、匠 2、工 1、工 2、客 1、师 1、师 2、徒 1、友 1、员 1、员 2"。诸如"刀匠（匠 1）、巨匠（匠 2）、刀工、修理工（工 1）、员工（工 2）、顾客（客 1）、教师（师 1）、律师、美容师（师 2）、学徒（徒 1）、老友、密友（友 1）、队员（员 1）、服务员（员 2）"等词始现。

发展到中级阶段，二语者习得"倌 1、倌 2、客 2、徒 2、友 2"。诸如"猪倌（倌 1）、老倌（倌 2）、黑客、政客（客 2）、赌徒、酒徒（徒 2）、笔友、网友（友 2）"等词始现。至此，二语者已完成这 8 个 N 的习得。

再看母语者的习得情况：

表 4-6　"匠、工、倌、客、师、徒、友、员"母语者始现情况

	初级	中级	高级
匠 1		+	+
匠 2			+
工 1	+	+	+
工 2		+	+

	初级	中级	高级
倌1		+	+
倌2			+
客1		+	+
客2			+
师1	+	+	+
师2		+	+
徒1		+	+
徒2		+	+
友1	+	+	+
友2		+	+
员1	+	+	+
员2	+	+	+

根据表4-6，我们总结出母语者的习得过程：

初级阶段（4—5岁），儿童习得"工1、师1、友1、员1、员2"。"家工（工1）、老师（师1）、好友（友1）、人员（员1）、月饼员（员2）"等词始现。

中级阶段（8—9岁），儿童习得"匠1、工2、倌1、客1、师2、徒1、徒2、友2"。"花匠、木匠（匠1）、员工（工2）、猪倌、牛倌（倌1）、游客、顾客（客1）、律师、工程师（师2）、学徒（徒1）、歹徒（徒2）、茶友、网友（友2）"等词始现。

发展到高级阶段（≥18岁），母语者出现"匠2、倌2、客2"。比如"巨匠、教书匠（匠2）、老倌、小倌（倌2）、剑客、侠客（客2）"等词始现。

对比表4-5与表4-6，我们发现二语者与母语者的共性特征、二语者的个性特征：

二语者与母语者习得共性：

同一个 N，其实义 N 的习得早于类化 N 的习得，如"友1"早于"友2"；或实义 N 与类化 N 同时习得，如"员1"与"员2"同时习得。

二语者的习得个性：

初级阶段，习得的 N_i 的数量，二语者多于母语者：二语者习得了 11 个，母语者只习得了 5 个。

（4）其他——盲、迷、鬼

根据本书 2.2 节的分类，我们将这 3 个 N 细分为：

盲：文盲　电脑盲　　类化义　　缺乏某种知识的一类人

迷：球迷　电脑迷　　类化义　　喜爱某物的一类人

鬼：烟鬼　小鬼　　　类化义　　一类人

先看二语者的习得情况：

表4-7　　　　　　　　"盲、迷、鬼"二语者始现情况

	盲	迷	鬼
初级		+	+
中级	+	+	+
高级	+	+	+

根据表 4-7，我们总结出二语者的习得过程：

初级阶段，二语者习得"迷、鬼"，如"歌迷、球迷、小鬼"。

发展到中级阶段，二语者习得"盲"，如"电脑盲、法盲、艺术盲"。

再看母语者的习得过程：

表 4 - 8   "盲、迷、鬼"母语者始现情况

	盲	迷	鬼
初级		+	+
中级	+	+	+
高级	+	+	+

将表 4 - 8 与表 4 - 7 进行对比,我们发现:

母语者的习得发展也遵循完全相同的过程。

初级阶段(4—5 岁),母语儿童习得"迷、鬼",始现"?吃饭迷、坏鬼"。

发展到中级阶段(8—9 岁),母语儿童习得"盲",始现"电脑盲、?电视盲、文盲、?书盲"等。

据此,我们总结出二语者与母语者的习得共性:两类学习者都先(初级)习得"迷、鬼",后(中级)习得"盲"。

4.3.2　通过隐喻借代衍化而来的 N 的习得过程

(1)由表人身体部位的词衍化而来——手、头

根据本书 2.2 节的分类,我们将这 2 个 N 细分为:

手:　高手　　鼓手　　类化义　　一类人

头 1:工头　　孩子头　　实义　　首领

头 2:老头　　巨头　　类化义　　一类人

先看二语者的习得情况:

表 4 - 9   "手、头"二语者始现情况

	手	头 1	头 2
初级	+	+	+
中级	+	+	+
高级	+	+	+

根据表 4-9，我们总结出二语者的习得过程：

在初级阶段，二语者习得"手、头 1、头 2"，"对手、歌手、丫头（头 1）、老头（头 2）"等词始现。可见，在初级阶段，二语者就已经完成了 2 个 N 的习得。

再看母语者的情况：

表 4-10   "手、头"母语者始现情况

	手	头 1	头 2
初级	+		
中级	+		
高级	+	+	+

根据表 4-10，我们总结出母语者的习得过程：

初级阶段（4—5 岁），儿童习得"手"，如"?唱歌手"。

待到高级阶段（≥18 岁），母语者才始现"头 1"和"头 2"，如"班头、捕头、工头（头 1）、老头、巨头（头 2）"。

对比表 4-9 与表 4-10，我们发现二语者与母语者的共性特征、二语者的个性特征。

二语者与母语者习得共性：

共性 1：初级习得"手"。

共性 2：同时习得"头 1"和"头 2"。

二语者的习得个性：

初级阶段，习得的 N_i 的数量，二语者多于母语者：二语者习得了 3 个，母语者只习得了 1 个。

（2）与住所、家庭相关——家、户

根据本书 2.2 节的分类，我们将这 2 个 N 某种行业细分为：

家 1：船家   酒家   实义   （经营某种行业并以此为生

的）家庭

家2：专家　　科学家　　类化义　　擅长某事的一类人

家3：女人家　姑娘家　　羡余义　　多余成分，可删除

户1：大户　　船户　　　实义　　　家庭、团体

户2：破落户　暴发户　　类化义　　一类人

先看二语者的习得情况：

表4-11　　　　　　　　"家、户"二语者始现情况

	家1	家2	家3	户1	户2
初级	+	+	+	+	
中级	+	+	+	+	
高级	+	+	+	+	+

根据表4-11，我们总结出二语者的习得过程：

初级阶段，二语者习得"家1、家2、家3、户1"，始现"（全）家（家1）、画家、作家（家2）、老人家（jia，家3）、大户（户1）"。

中级阶段，二语者未习得新N。初级已经习得的N，在中级进一步增加"富家、船家、农家（家1）、美食家、数学家、音乐家（家2）、船户、茶户、佃户（户1）"。

高级阶段，习得"户2"，始现"客户、用户"。

再看母语者的习得情况：

表4-12　　　　　　　　"家、户"母语者始现情况

	家1	家2	家3	户1	户2
初级	+		+		
中级	+	+	+	+	+
高级	+	+	+	+	+

根据表 4–12，我们总结出母语者的习得发展过程：

初级阶段（4—5 岁），母语儿童习得"家 1、家 3"，始现"（我、全）家（家 1）、女孩子家、老人家（jia①，家 3）"。

发展到中级阶段（8—9 岁），儿童习得"家 2、户 1、户 2"。诸如"科学家、数学家（家 2）、？家户（户 1）、客户（户 2）"等词始现。至此，母语者已经完成 2 个 N 的习得。

待到高级阶段（≥18 岁）时，那些在初级、中级阶段已经出现的 N_i，产词量进一步增加，如"夫家、亲家、婆家（家 1）、银行家、小说家、政治家（家 2）、老人家（家 3）、佃户、农户、庄稼户（户 1）、暴发户、破落户（户 2）"。

对比表 4–11 与表 4–12，我们发现二语者与母语者的共性特征、二语者的个性特征。

二语者与母语者习得共性：

同一个 N，其实义 N 的习得早于类化 N 的习得，或者同时习得；但其类化 N 的习得绝不会早于羡余 N 的习得。

二语者的习得个性：

个性 1：二语者可以同时习得实义、类化义和羡余义三个 N。而母语者的羡余 N 早于类化 N。

个性 2：初期习得的 N_i 的数量，二语者多于母语者：二语者习得了 4 个，即"家 1、家 2、家 3、户 1"；母语者只习得了 2 个，即"家 1、家 3"。

（3）由表动植物或其一部分的词衍化而来——才、虫、蛋

根据本书 2.2 节的分类，我们将这 3 个 N 细分为：

才 1：将才　辩才　实义　有才能的人

---

① 本文 1.2.3 研究方法章节已作交代，母语（4—5 岁）儿童使用的是录音后转写的方式，是口语语料。

才2：庸才　　怪才　　　　类化义　　一类人
虫1：害人虫　糊涂虫　　　实义　　　像虫一样令人讨厌的人
虫2：书虫　　电视虫　　　类化义　　沉迷于某事的一类人
蛋：　混蛋　　坏蛋　　　　类化义　　令人讨厌的一类人

表 4 – 13　　　　　　　　　"才、虫、蛋"二语者始现情况

	才1	才2	虫1	虫2	蛋
初级	+		+	+	+
中级	+	+	+	+	+
高级	+	+	+	+	+

根据表 4 – 13，我们总结出二语者的习得过程：

初级阶段，二语者习得"才1、虫1、虫2、蛋"，诸如"? 画才、人才（才1）、懒虫（虫1）、酒虫、书虫（虫2），笨蛋、坏蛋"等词始现。

中级阶段，二语者习得"才2"，"蠢才、奇才"等始现。至此，二语者已完成3个N的习得。

待到高级阶段，N_i 的产词量进一步增加，如"文才、贤才（才1）、可怜虫（虫1）、网虫、电视虫（虫2）、混蛋、王八蛋"。

再看母语者的习得发展情况：

表 4 – 14　　　　　　　　　"才、虫、蛋"母语者始现情况

	才1	才2	虫1	虫2	蛋
初级					
中级	+	+	+	+	+
高级	+	+	+	+	+

根据表 4 – 14，我们总结出母语者的习得过程：

初级阶段（4—5 岁），母语儿童未出现"才、虫、蛋"。

发展到中级阶段（8—9 岁），儿童基本同时习得"才1、才2、虫1、虫2、蛋"。诸如"人才、天才（才1）、蠢才、？笨才（才2）、懒虫、笨虫（虫1）、书虫、电视虫、电脑虫（虫2）、笨蛋、蠢蛋、坏蛋、倒霉蛋"等一同出现。

待到高级，N_i 的产词量进一步增加，如"贤才、将才、将才（才1）、怪才、偏才、奇才（才2）、可怜虫（虫1）、网虫、酒虫（虫2）、傻蛋、糊涂蛋、穷光蛋"等。

对比表 4–13 与表 4–14，我们发现二语者与母语者的共性特征、二语者的个性特征。

二语者与母语者习得共性：同一个 N，其实义 N 的习得早于类化 N 的习得；或者两者同时习得。

二语者的习得个性：

初级阶段，习得的 N_i 的数量，二语者多于母语者：二语者习得了 4 个，即"才1、虫1、虫2、蛋"；而母语者一个都没有习得。

（4）其他——棍、派、星

根据本书 2.2 节的分类，我们将这 3 个 N 细分为：

棍：光棍　赌棍　　　类化义　　一类人

派：学派　青春派　　类化义　　一类人

星：明星　球星　　　类化义　　一类像星星一样发亮的名人

先看二语者的习得情况：

表 4–15　　　　　　　"棍、派、星"二语者始现情况

	棍	派	星
初级		+	+
中级	+	+	+
高级	+	+	+

根据表 4 – 15，我们可以总结出二语者的习得过程：

初级阶段，习得"派、星"，诸如"右派、左派、主派、歌星、明星、球星"等词始现。

中级阶段，习得"棍"，诸如"赌棍、恶棍、光棍、淫棍"等词始现。

高级阶段，各 N 的产词量进一步增加，如"反动派、老年派、中庸派、电影星、笑星、武术星"等。

再看母语者的习得情况：

表 4 – 16　　　　　　　"棍、派、星"母语者始现情况

	棍	派	星
初级			
中级	+	+	+
高级	+	+	+

根据表 4 – 16，我们可以总结出母语者的习得过程：

初级阶段（4—5 岁），没有始现任何 N。

到了中级阶段（8—9 岁），母语者同时习得 3 个 N，"光棍、大派、好派、歌星、球星、? 舞星"等词同时出现。

发展到高级阶段（≥18 岁），N 的产词量进一步增加，出现了"恶棍、保守派、反对派、时尚派、巨星、童星、笑星"等词。

对比表 4 – 15 和表 4 – 16，我们发现，"棍、派、星"这 3 个 N 的习得上，二语者和母语者有一些共性也有一些个性。

二语者与母语者习得共性：

母语者和二语者到了中级阶段，都已习得这 3 个 N。

二语者的习得个性：

初期习得的 N_i 的数量，二语者多于母语者。二语者习得了 2

个，即"派"和"星"；而母语者一个都没有习得。

4.3.3　由亲属称谓词衍化而来的 N 的习得过程

根据本书 2.2 节的分类，我们将"爷、哥、姐、妹、嫂、翁"这 6 个 N 细分为：

爷1：大爷　老爷　　实义　　社会地位高的男性

爷2：倒爷　款爷　　类化义　一类人

哥1：大哥　表哥　　实义　　有血/亲缘关系的年长男性

哥2：帅哥　犀利哥　类化义　一类男性

姐1：大姐　表姐　　实义　　有血/亲缘关系的年长女性

姐2：的姐　富姐　　类化义　一类女性

妹1：小妹　表妹　　实义　　有血/亲缘关系的年幼女性

妹2：吧妹　洗头妹　类化义　一类女性

嫂1：大嫂　表嫂　　实义　　有血/亲缘关系的年长男性的妻子

嫂2：空嫂　警嫂　　类化义　一类女性

翁1：老翁　渔翁　　实义　　老年男性

翁2：富翁　不倒翁　类化义　一类人

先看二语者的习得情况：

表 4-17　　　　"爷、哥、姐、妹、嫂、翁"二语者始现情况

	爷1	爷2	哥1	哥2	姐1	姐2	妹1	妹2	嫂1	嫂2	翁1	翁2
初级	+		+		+		+		+		+	+
中级	+		+	+	+	+	+	+	+		+	+
高级	+		+	+	+	+	+	+	+	+	+	+

根据表 4-17，我们总结出二语者的习得过程：

初级阶段，二语者习得"爷1、哥1、姐1、妹1、嫂1、翁1"

这6个实义 N。诸如"大爷、老爷（爷1）、表哥、大哥、学哥（哥1）、表姐、小姐、学姐（姐1）、大妹、小妹、学妹（妹1）、阿嫂、大嫂（嫂1）、老翁（翁1）"等词始现；表类化义的"翁2"也是在初级习得的，如"富翁"。

到了中级阶段，二语者开始习得类化 N"哥2、姐2、妹2"。诸如"的哥、帅哥（哥2）、打工姐、空姐、甜姐（姐2）、打工妹、台妹、辣妹（妹2）"等词始现。另外，那些在初级已经习得的 N_i，产词量进一步增加，如"酒翁、渔翁（翁1）、主人翁（翁2）"。

高级阶段习得"嫂2"，如"警嫂"。另外，那些在初级已经习得的 N_i，产词量进一步增加，如"懒翁、醉翁（翁1）"。

再看母语者的习得情况：

表4-18　　　　"爷、哥、姐、妹、嫂、翁"母语者始现情况

	爷1	爷2	哥1	哥2	姐1	姐2	妹1	妹2	嫂1	嫂2	翁1	翁2
初级	+						+					
中级	+		+	+	+	+	+		+		+	+
高级	+	+	+	+	+	+	+	+	+	+	+	+

根据表4-18，我们可以总结出母语者的习得过程：

初级阶段（4—5岁），儿童习得的是实义 N"爷1、妹1"。诸如"老爷（爷1）、小妹（妹1）"等词始现。

中级阶段（8—9岁），儿童习得部分实义 N 和部分类化 N，如"表哥、大哥、亲哥（哥1）、酷哥、靓哥、放屁哥（哥2）、小姐、堂姐、大姐（姐1）、空姐、靓姐（姐2）、大嫂、堂嫂、表嫂（嫂1）、老翁、渔翁（翁1）、富翁（翁2）"。

高级阶段（≥18岁），才习得"爷2""妹2"和"嫂2"，诸如"倒爷、款爷（爷2）、空嫂、的嫂（嫂2）"等词始现。

对比表 4 – 17 和表 4 – 18，我们总结出二语者和母语者的共性特征。

二语者与母语者习得共性：

共性 1：由亲属称谓词衍化而来这 6 个 N，其习得过程，同样是实义 N 早于类化 N。

共性 2：初级阶段习得的 N_i 的数量，二语者多于母语者。二语者习得了 7 个，而母语者只习得了 2 个。

4.3.4　由辅助性代词转化而来的 N 的习得过程

根据本书 2.2 节，"者"的语义如下：

者：记者 老者　　　　类化义　　　一类人

先看二语者的习得情况：

表 4 – 19　　　　　　　　"者"二语者始现情况

	初级	中级	高级
者	+	+	+

表 4 – 19 显示：

初级阶段，"X 者"已经始现，如"记者、勇者、强者"等。

到了中级阶段，"X 者"进一步增多，如"爱国者、乐观者、旁观者、民主主义者"等。

再看母语者的习得情况：

表 4 – 20　　　　　　　　"者"母语者始现情况

	初级	中级	高级
者	+	+	+

表 4 - 20 显示：

在初级阶段（4—5 岁），"记者"始现。

发展到了中级阶段（8—9 岁），"X 者"进一步增加，比如"读者、学者、听者"等。

对比表 4 - 19 和表 4 - 20，我们总结出二语者和母语者在习得上的共性：

二语者和母语者都在习得初期习得"者"，随着级别的增高，"X 者"的产词量增加。

4.4　语义泛化过程与习得发展过程的对比

以上共计 70 个 N_i 的习得过程，二语者和母语者呈现诸多相同的特点。

（1）N 的习得过程，是从实义向类化义的发展过程。这与 N 的语义泛化过程一致。

这表现在，对于同一个 N，其实义 N 的习得早于类化 N 的习得，或两者同时习得；但类化 N 的习得绝不会早于实义 N 的习得。有的 N，从习得"实义"到习得"类化义"所需的时间长，在考察中表现为跨级习得；有的 N，从习得"实义"到习得"类化义"所需的时间短，在考察中表现为同级习得。这个习得过程，与 N 的语义泛化过程一致。

（2）N 的习得过程，并不是从类化义向羡余义的发展过程。这与 N 的语义泛化过程相悖。这表现在，习得时间上，羡余义早于类化义，或两者同时；但类化义绝不会早于羡余义。

上述 38 个 N 中，有"人、子、家"3 个 N 是有羡余义的，如

"犯人、客人；儿子、主子；老人家、女孩子家"。

前述对母语者习得过程的考察很清楚地显示："人 3"的习得远远早于"人 2"，"人 3"（客人）在 4—5 岁时就已习得，而"人 2"（音乐人、电影人）直到高级阶段才习得；"子 3"的习得远远地早于"子 2"，"子 3"（儿子）在 4—5 岁就已习得，而"子 2"（胖子）直到 8—9 岁时才习得；"家 3"的习得早于"家 2"，"家 3"〔人家（jia）、女孩子家〕在 4—5 岁时习得，而"家 2"（音乐家、舞蹈家）到 8—9 岁时才习得。

对二语者习得过程的考察呈现出同样的特征。"人 3"在初级阶段习得，而"人 2"到了高级阶段才习得；"子 3"在初级阶段习得，"子 2"到了"中级"阶段才习得。只有"家 2"和"家 3"的习得时间相同，都是在初级阶段。

4.5　由习得反思词根、类词缀、词缀之间的关系

4.5.1　现有观点

从 20 世纪八九十年代迄今，关于词缀的讨论分外地热烈。就主体而言，承认汉语有词缀现象基本上达成了共识。但对于每一个个体的归类，以及每一个个体内部的分类与归类，现代汉语本体研究从未达成过共识。也就是说，N 的归类不明确，每一个 N 内部的分类不明确，N 的每小类的归类不明确。

在这个背景下，许多词缀的鉴别标准应运而生。其中，最重要的一项鉴别标准是"语义的虚实程度"（吕叔湘[①]；郭良夫[②]）。根

---

① 吕叔湘：《汉语语法分析问题》，商务印书馆 1979 年版。
② 郭良夫：《现代汉语的前缀和后缀》，《中国语文》1983 年第 4 期。

据这项标准，许多学者（朱亚军[①]；张斌[②]）按照"实在意义""类化意义""无意义"三项小标准，将 N 或 N_i（N 的小类，下同）分别归类为词根、类词缀、词缀。这三项小标准，即本书使用的术语"实义""类化义""羡余义"。本书在综述章节（2.2 节）的分类和描写，就是基于前贤们对该问题的讨论综合而成的；本章 4.3 节习得顺序的考察也建立在这个分类的基础上。

更有学者从历时的角度指出了"实义""类化义"和"羡余义"这三项的关系。杨锡彭就指出，"从复音词形成与发展的过程看，现代汉语中作为复合词构词成分的语素在古汉语中大都是独立成词的，比如派生词的词缀，就大多是由实词虚化而形成的。虚化的程度不同，词缀的意义虚实程度也就不同"[③]，整个意义构成一个连续体，连续体的两端分别是完全实在义和完全虚化义。李华[④]，郭作飞[⑤⑥]，王云路、郭颖[⑦]，杨贺[⑧]强调了这个衍化过程，认为汉语中没有天生的词缀，大部分词缀基本上是由实语素衍化而来，其中有一些语素正处于由实而虚的衍化进程中。他们的论述，强调 N 的历史衍化过程，即 N 是从"实"向"虚"的发展过程。

总之，无论共时的分类还是历时的溯源，大都承认这样的一个事实：按照意义的虚实，N 可分为几类 N_i，N_i 是 N 的子类。

---

① 朱亚军：《现代汉语词缀的性质及其分类研究》，《汉语学习》2001 年第 2 期。

② 张斌主编：《新编现代汉语》，复旦大学出版社 2002 年版第 171—173 页。

③ 杨锡彭：《关于词根与词缀的思考》，《汉语学习》2003 年第 2 期。

④ 李华：《现代汉语表人名词后缀、类后缀考察》，硕士学位论文，北京语言大学，2003 年。

⑤ 郭作飞：《汉语词缀形成的历史考察——以"老"、"阿"、"子"、"儿"为例》，《内蒙古民族大学学报》（社会科学版）2004 年第 6 期。

⑥ 郭作飞：《从历时平面看汉语词缀演化的一般规律——以"老"、"子"为例》，《西北农林科技大学学报》（社会科学版）2005 年第 1 期。

⑦ 王云路、郭颖：《试说古汉语中的词缀"家"》，《古汉语研究》2005 年第 1 期。

⑧ 杨贺：《汉语词缀的形成及其特征》，《山东大学学报》（哲学社会科学版）2009 年第 4 期。

4.5.2 本书观点

但根据儿童母语习得和二语习得的共有特征，我们赞同以上部分观点的同时，也对部分观点提出了质疑。我们的意见如下。

（1）只有 N1（实义）和 N2（类化义）同族，两者才存在衍化关系。

前述对母语儿童和二语学习者的考察发现，两类学习者的习得过程同样都是从实义发展到类化义。这与 N 的语义泛化衍变过程高度一致。习得过程印证了语义泛化过程。在认知上，N1 的意义实在，习得难度低；N2 的意义比较虚空，习得难度高。

因此，我们赞同 N1（实义）和 N2（类化义）同族的观点。这个观点与前人的研究相符。

（2）N3（羡余义）与 N1（实义）、N2（类化义）不同族，前者与后两者之间只是同形关系。

在前文的对母语儿童和二语学习者的考察都发现，N 的习得过程，并不是从类化义向羡余义的发展过程。这与 N 的语义泛化过程是相悖的。表羡余义的 N3 总是在习得初期就始现，习得难度非常低。

这一点，与前贤的研究完全不同。

总结以上（1）、（2）两点，我们归纳出 N1（实义）、N2（类化义）、N3（羡余义）间的族系关系：N1 衍化出 N2，N1 与 N2 是同族语素；但 N1、N2 与 N3 很可能仅是同形语素。如下图：

图 4-1　实义 N1、类化义 N2、羡余义 N3 关系构拟图

4.5.3 语音、语法、语义三个平面的佐证

为了进一步证明 N1（实义）、N2（类化义）与 N3（羡余义）可能只是同形的关系，我们考察了古汉语和方言，从语音、语法、语义三个平面寻找到了佐证。本书涉及 N3（羡余义）的 N 共有 3 个：家、子、人。对这三个 N 的考察结果如下。

（1）语义上，共时对比显示，有些 N，其 N1（实义）、N2（类化义）与 N3（羡余义）没有意义上的联系。

以"家"为例。比如，我们看不出"（我、全）家、船家、行家（家1）、专家、音乐家（家2）"与"女孩子家、老人家（家3）"之间有任何语义上的关联。"家1"与"家2"之间的语义联系比较明显："（我、全）家"表"家庭"，"船家"的"家"表"经营某种行业的家庭"，"行家"的"家"表"擅长某个行业或具有某种身份的人"，"专家、音乐家"中的"家"表"掌握某种专门学识或从事某种专门活动的人"。但是，在共时平面，"女孩子家、老人家"中的"家3"意义完全虚空，与"家1、家2"实际上没有任何语义上的关联。

（2）语义上，古汉语溯源发现，有些 N，其 N3（羡余义）不比 N1（实义）、N2（类化义）起源晚。

以"子"为例。"子"在《说文》中是"婴儿"的意思，这是"子"的实义，即本文定义的"子1"。但朱茂汉[1]、柳士镇[2]、王力[3]、刘宇菲[4]等指出，"子3"同样早在上古时期（先秦）就已

---

[1] 朱茂汉：《名词后缀"子"、"儿"、"头"》，《安徽师大学报》（哲学社会科学版）1982 年第 1 期。

[2] 柳士镇：《试论中古语法的历史地位》，《南京大学学报》（哲学·人文科学·社会科学）2001 年第 5 期。

[3] 王力：《汉语史稿》，中华书局 2004 年版，第 223—225 页。

[4] 刘宇菲：《"子"词缀的形成与发展》，硕士学位论文，宁波大学，2011 年，第6—7页。

经产生，与实词"子1"在同一时期并存使用。子3的用例如下：

例1：童子佩觿。（《诗·卫风·芄兰》）

例2：若晋军朝以入，则婢子夕以死。（《左传·僖公十五年》）

例3：（殷纣）贼诛孩子。（《墨子·明鬼》）

例4：高后儿子畜之。（《史记·齐悼王世家》）

例5：吾悔不用蒯通之计，乃为儿女子所诈，岂非天哉！（《史记·淮阴侯列传》）

例6：灵连蜷兮既留。王逸注：灵，巫也，楚人名巫为灵子。（《楚辞·九歌云中君》）

例1—6中，"童子""婢子""孩子""儿子""儿女子""灵子"等词中的"子"，均是羡余成分，为"子3"。

然而，表类化义的"子2"，却直到近古时期（唐宋）才出现（朱茂汉，1982；刘宇菲，2011）。比如：

例7：我将谓这矮子有长处。（《五灯会元》卷十三）

例8：宗傻子听巧言，心里痒似虫钻，起初的念头一霎变。（《聊斋俚曲集》）

由此可见，"子"的历时衍化顺序，与我们的习得研究顺序是一致的。

（3）语音上，有些 N，其 N1（实义）、N2（类化义）与 N3（羡余义）的读音不同。

普通话中，"家1（船家）、家2（专家）"读作阴平，但"家3（女人家）"却读作轻声。

（4）语法上，在某些方言中，有些 N，其 N3（羡余义）表现出与 N1（实义）、N2（类化义）不同的语法现象。

"家1、家2、家3"在普通话中与四川方言中的语法表现如表4-21所示：

表4-21   四川方言中家1、家2与家3的不同语法表现

	家1	家2	家3
普通话	船家	科学家	女孩子家
四川方言	船家	科学家	女娃子家/女娃子家家 儿娃子家/儿娃子家家 女人家/女人家家

普通话中,三个"家"看起来似乎一致,我们很难看出它们的区别。但在四川方言中,"家3"可以重叠。这说明,"家3"与"家1、家2"可能是不同类的语言单位。

总之,在本书考察的38个"X + N"表人派生词中,有35个N可以细分为"N1(实义)"和"N2(类化义)",另有3个N可以细分为"N1(实义)""N2(类化义)"和"N3(羡余义)"。根据儿童语言习得和二语习得的发展过程,再综合语音、语义、语法三个平面的考察,我们认为,如下观点是有理有据的:"N1(实义)"与"N2(类化义)"同源;但"N3(羡余义)"与"N1(实义)、N2(类化义)"可能只是同形语素,是不同的两个语言单位。

4.5.4 本体命名存在的问题

现代汉语本体研究中通行的做法是,将"N1(实义)"定义为"词根","N2(类化义)"定义为"类词缀","N3(羡余义)"定义为"词缀"。该名称指明了"类词缀"与"词缀"之间存在密切联系,同属于某个语法单位下的两个子类。若"N3"与"N1、N2"只是同形语素的话,现行的命名可能存在不妥之处。

4.6 二语习得顺序

根据4.3的考察,我们总结出70个N_i的二语习得顺序。

初级（47 个）：人 1（男人）、人 3（客人）、民 1（市民）、族 1（汉族）、子 1（长子）、子 3（儿子）、士 1（将士）、士 2（护士）、夫 1（姐夫）、生 1（男生）、生 2（医生）、汉 1（硬汉）、佬 1（阔佬）、匠 1（木匠）、匠 2（巨匠）、工 1（泥工）、工 2（职工）、客 1（游客）、师 1（导师）、师 2（会计师）、徒 1（学徒）、友 1（校友）、员 1（会员）、员 2（演员）、迷（球迷）、鬼（烟鬼）、手（鼓手）、头 1（工头）、头 2（老头）、家 1（船家）、家 2（科学家）、家 3（老人家）、户 1（船户）、才 1（将才）、虫 1（糊涂虫）、虫 2（书虫）、蛋（混蛋）、派（学派）、星（明星）、爷 1（大爷）、哥 1（大哥）、姐 1（大姐）、妹 1（小妹）、嫂 1（大嫂）、翁 1（渔翁）、翁 2（富翁）、者（记者）。

中级（18 个）：族 2（上班族）、子 2（胖子）、夫 2（车夫）、丁 1（壮丁）、丁 2（园丁）、汉 2（门外汉）、佬 2（美国佬）、倌 1（羊倌）、倌 2（老倌）、客 2（黑客）、徒 2（匪徒）、友 2（球友）、盲（文盲）、才 2（庸才）、棍（光棍）、哥 2（帅哥）、姐 2（的姐）、妹 2（打工妹）。

高级（4 个）：人 2（音乐人）、民 2（烟民）、户 2（暴发户）、嫂 2（空嫂）。

一直未见习得（1 个）：爷 2（倒爷）。

4.7　本章创新点小结

根据现代汉语本体的研究，N 的语义是一个由实到虚的连续体。连续体的一端，语义完全实在；另一端，语义完全虚空。更有学者从历时的角度指出，现代汉语里本无天生词缀，除极少数是从虚词衍化而来的外，绝大部分是从实词衍化而来的，这些词缀的历时衍变是一个从实到虚的发展过程。学界的通行做法是：根据语义的虚实，将 N 分为"表实义的 N"（简称"实义 N"）、"表类化义的 N"（简称"类化 N"）、"表羡余义的 N"（简称"羡余 N"），并将三类 N 分别定性为词根、类词缀、词缀。我们借鉴该语义分类，将这 38 个 N 进一步细分为 70 个 N_i，考察了它们的习得顺序。结果发现，二语习得与母语习得呈现出相同的特征。

（1）N1（实义，如"大哥"中的"哥"）的习得早于 N2（类化义，如"帅哥"中的"哥"）的习得，或两者同时；但 N2 的习得绝不会早于 N1 的习得。这说明，N 的习得过程，是从实义向类化义的发展过程。该过程，与 N 的语义泛化过程一致。

（2）N3（羡余义，如"孩子家"中的"家"）的习得早于 N2（类化义，如"音乐家"中的"家"）的习得，或两者同时；但 N2 的习得绝不会早于 N3。可见，N 的习得过程，并不是从类化义向羡余义的发展过程。这与 N 的语义泛化过程相悖。

据此，我们对现代汉语本体中"N1（实义，词根）""N2（类化义，类词缀）""N3（羡余义，词缀）"的关系问题，提出了新的思考：

N1、N2、N3 可能并不同族；换句话说，N 的历时发展很可能并不是从"实"到"部分虚空"再到"完全虚空"的发展过程。本书认为，N1（实义）和 N2（类化义）的确同源；但 N1（实义）、N2（类化义）与 N3（羡余义）并不同源，它们很可能只是同形语素。三类 N 的关系如图 4－2 所示：

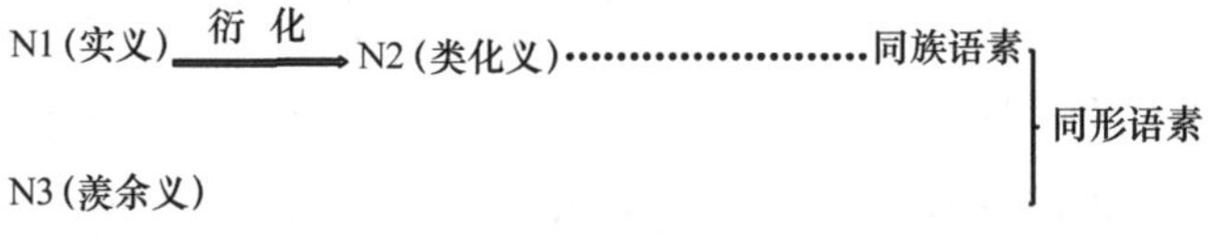

图 4－2 实义 N1、类化文 N2、羡余义 N3 关系构拟图

　　为证明该观点的合理性，我们考察了方言和古代汉语，提供了语音、语义、语法三个平面的佐证。

　　本书进而指出，单从名称上看，"类词缀""词缀"强调的是"N2"和"N3"之间的关联性。若我们的推论正确，该命名可能存在不妥之处。

　　此外，我们总结了 38 个 N（包括实义、类化义、羡余义）的二语习得顺序，为汉语作为二语教学和国际汉语教材编写提供依据。

第五章

"X 人"词族的二语习得过程

5.1 研究目的

在本书第四章，我们对二语者进行了产词测试。统计结果显示，38 个 "X + N" 中，"X 人" 的频率最高。初步考察还发现，"X 人" 的偏误数量也最多。此外，考察还显示，母语者也呈现上述特征。

孙茂松等①、董秀芳②对汉语母语语料库进行过统计，结果显示，自然语料中，与 "X 家" "X 手" "X 员" "X 工" 相比，"X 人" 和 "X 者" 的数量最多。可见，无论在二语者还是在母语者中，无论在自然语料还是在测试语料中，"X 人" 的使用频率都是最高的。

鉴于汉语词和短语界限的模糊性以及汉语作为二语教学中 "易教易学" 的原则，我们采用陆志韦等③、董秀芳④对词的较为宽松的界定，统一将由 "X 人" 词法模式造出的不带 "的" 的形式全

---

① 孙茂松、王洪君、董秀芳：《信息处理用现代汉语分词词表》规范，载《语言计算与基于内容的文本处理》，清华大学出版社 2003 年版。

② 董秀芳：《汉语的词库与词法》，北京大学出版社 2004 年版，第 99 页。

③ 陆志韦等：《汉语的构词法》（修订本），科学出版社 1957 年版。

④ 董秀芳：《汉语的词库与词法》，北京大学出版社 2004 年版，第 126 页。

部看成词。① 本章节拟考察二语者习得"X人"的顺序和过程，同时对偏误进行分析，探讨习得发展的起因、推动力和阻力，希望能够以小见大展现同类词法模式的习得发展面貌，为目前尚属薄弱环节的词汇习得研究添砖加瓦，并为词汇教学提供一定的依据和建议。

5.2 材料与方法

本章语料使用二语者五个阶段的测试语料：初级一（半年）、初级二（半年至1年）、中级一（1年至1年半）、中级二（1年半至2年）、高级（2年以上）。为了更好地展现二语者的习得特征，我们同样使用母语者语料作为参照。母语者共计五组，年龄段分别为：4—5岁、6—7岁、8—9岁、10—11岁、≥18岁。

此外，本章节同时使用诱导性测试和强制性测试两种语料（详见本书1.2.3节研究方法）。诱导性测试收集到的语料介于自然语料与非自然语料之间，强制性测试收集到的语料为非自然语料。鉴于诱导性语料和强制性语料各有利弊，我们对两组语料进行了分类统计，最后加总时权重各半。以下各表具体算法将以注的形式标出。

二语被试共885人，其中，诱导性测试484人（初一组73人、初二组39人、中一组155人、中二组79人、高级组138人），强制性测试401人（初一组48人、初二组24人、中一组163人、中二组46人、高级组120人），均为成人。母语参照性被试共272人，其中，诱导性测试147人（4—5岁组27人、6—7岁组38人、

① 但不包括"数量+人"结构（如："一个人"）、"指示代词+（量）+人"结构（如："那（个）人"）、"数+人"结构（如："两人"）。

8—9 岁组 35 人、10—11 岁组 32 人、≥18 岁组 15 人），强制性测试 125 人（4—5 岁组 27 人、6—7 岁组 32 人、8—9 岁组 22 人、10—11 岁组 29 人、≥18 岁组 15 人）。

两类测试共收集到"X 人"3277 个，其中，二语者语料 2129 个，母语者语料 1148 个。

5.3 习得发展的普遍特征与二语者独有特征

我们将二语语料和母语语料作了对比性定量分析，发现二语者与母语者在发展过程中既有共性也有个性。

5.3.1 产词量及正确率

产词量指该阶段所有被试产出的"X 人"的个数，比如，被试 A 和被试 B 都产出了"男人"，那么"男人"按 2 次计。由于各组被试人数不等，为了保证这两项指标的可比性，我们在数据处理时按人数进行了平均，见表 5－1。

表 5－1　　　　　　　　　　产词量及正确率①　　　　　　　单位：个，%

	二语者					母语者				
	初一	初二	中一	中二	高级	4—5 岁	6—7 岁	8—9 岁	10—11 岁	≥18 岁
产词量	3.44	5.39	5.01	4.62	5.72	1.23	4.07	3.75	6.51	7.33
正确率	97	96	95	94	97	95	92	92	95	100

由表 5－1 可见，二语者的人均产词量从初一阶段的 3.44 个发

---

① 算法：比如初一段的人均产词量在诱导性语料中为 3.05，在强制性语料中为 3.83，则人均产词量为（3.05＋3.83）/2＝3.44。

展到高级阶段的 5. 72 个，母语者的人均产词量从最初的 1. 23 个逐步发展到最终的 7. 33 个，虽然两类学习者都在逐步递增，但母语者的增幅显然更大。

正确率上，二语者正确率的高峰值出现在初一阶段（97%）和高级阶段（97%），母语者正确率的高峰值出现在 4—5 岁（95%）和 10 岁以后（10—11 岁：95%、≥18 岁：100%）。两类学习者的正确率都呈 "U" 形发展，即发展的初期和后期高，中期低。

总的来看，二语者到初二阶段就已发展得比较成熟，此时的人均产词量为 5. 39 个，基本接近或达到整个发展过程的峰值（5. 72 个），与母语者到 11 岁语言临界期以后才发展成熟很不相同。

由此，我们总结出发展的普遍特征和二语者的独有特征。

发展的普遍特征：两类学习者的产词量都呈阶梯式向上发展，正确率都呈 "U" 形发展，二语者构词正确率与母语者基本持平。

二语者独有特征：二语者的产词量早在初二阶段即学习半年后就基本达到高峰值，与母语者需一直发展到语言临界期后才达到高峰值不同。二语者产词量在整个发展过程中的增幅远不及母语者。

5. 3. 2　词频与词的心理分布

词频指的是词汇在测试语料中的出现频率。比如，初一阶段的二语者，产出 "X + 人" 411 个。其中，"工人" 共计 37 个（占 9%），频率最高（也即最为常用），排在首位。此外，由于在测试中每个词每个被试只提取一次，因此词频也体现出词在被试心理词典中的分布情况，词频高的词也是最容易和最频繁被不同被试提取的词。各阶段词频由高到低排列在前三的 "X人" 见表 5 –2。

表 5-2 高频 "X 人" 单位：次，%

被试类型	级别	序位1			序位2			序位3		
		词语	词频	占比	词语	词频	占比	词语	词频	占比
二语者	初一	工人	37	9	中国人	32	8	女人/男人	28	7
	初二	中国人	33	10	老人	28	9	爱人/工人	20	6
	中一	工人	99	6	老人	94	6	女人	87	5
	中二	爱人	40	7	老人	37	6	女人	29	5
	高级	工人	135	9	爱人	88	6	老人	85	6
母语者	4—5 岁	老人	12	18	客人	7	11	大人	6	9
	6—7 岁	大人	51	17	小人/好人	28	9	女人	25	8
	8—9 岁	大人/死人	16	8	好人	12	6	名人	10	5
	10—11 岁	好人	30	7	坏人/大人	28	7	工人	22	5
	≥18 岁	工人	19	9	好人	12	5	坏人	11	5

根据表 5-2，我们总结出发展的普遍特征和二语者的独有特征。

发展的普遍特征：两类学习者都频繁提取"工人"和"老人"。

二语者独有特征：二语者频繁提取的是具有区别特征的"男人、女人、中国人"、和家庭成员有关的"爱人"，与母语者频繁提取评价性的"好人、坏人"和描述性的"大人、小人①"不同。

5.3.3　X 的性质与入词比例

5.3.3.1　二语者习得过程的描写

"X 人"中"X"的性质在五阶段的发展情况如下。

（1）初级一

在学习之初，单音节词始现，包括形容词、区别词、名词，如

---

① 此处"小人"为"小孩"义。

"大人、老人、男人、女人、客人、工人"。此外,一类特殊的词大量涌现,即表国名、地名的专有名词以及与地名有关的普通名词,如"美国人、广州人、?中山大学人、北方人、本地人"。

(2)初级二

进入初二阶段,单音节动词和动词性语素始现,如"游人、爱人、*演人";单音节方位词始现,如"外人、*里人"。双音节词始现,但较少:有动词,如"养蜂人、?购物人"等支配式和"候选人"等状中式;有形容词,如"年轻人"。此外还出现了"表人名词+人"的偏误词,如"*爸爸人、*妈妈人、*邻居人"。

(3)中级一

进入中级一阶段,双音节词又出现了新的类别。双音节名词始现,有的表存在或活动的范围,如"江湖人、太空人、地球人、外星人、城市人",有的表职业涉及的领域,如"*家务人、*法律人、*工程人"。双音节方位结构始现,如"梦中人"。双音节联合式动词始现,如"管理人、*学习人"。

那些在初级阶段已出现过的类别在中一阶段进一步丰富:单音节形容词扩大到述人的性质形容词,如"善人、*傻人";单音节名词扩大到表示人身份或职业的名词,如"犯人、商人、军人、*兵人"。双音节形容词增多,如"陌生人、普通人、*可爱人、*惊讶人";双音节支配式和状中式动词增多,如"打工人、过路人、卖书人、*步行人"。偏误词"表人名词+人"进一步增多,新增"*学生人、*老师人"。

(4)中级二

到了中二阶段,单音节代词、双音节介词结构、三音节名词始现,如"他人、被告人、中老年人、*马戏台人"。

双音节方位结构进一步丰富,如"乡下人、心上人、意中人、*心中人"。偏误词"表人名词+人"还新增了"*帅哥人、*后辈人"等。

（5）高级

高级阶段未出现新的类别，已有类别进一步丰富，偏误词"表人名词+人"仍然存在，如"*明星人、*文盲人"。

（6）二语者习得过程小结

总的来说，初一阶段除了国名、地名等专有名词外基本为单音节词，初二阶段双音节词始现，中二阶段三音节词始现。与初级阶段相比，X 的种类在中一阶段显著增加。"表人名词+人"的偏误词基本贯穿于发展的整个过程，始于初二阶段，到了高级阶段仍然存在。

5.3.3.2 二语者与母语者的对比

关于 X 的发展情况，二语者与母语者的发展如表5-3、表5-4所示。

表5-3 　　　　　　　　　　二语者 X 分类统计① 　　　　　　　单位:%

X 的性质		二语者				
		初一	初二	中一	中二	高级
专名		43	38	18	18	1
单音节	名	2	21	21	22	3
	动	5	1	12	17	14
	形	14	19	25	18	27
	区别	15	3	11	8	6
	方位	1	2	1	1	1
	代				1	

---

① 由于是诱导、强制测试两种语料权重各半的百分比，纵栏加总不完全等于100%。算法：比如初一阶段的二语者在诱导测试中产"专有名词+人"101 个，占48%，在强制测试中产"专有名词+X"69 个，占38%，那么初一阶段"专有名词+人"的比例为（48%+38%）/2＝43%。另，表中缺省值为0。

续表

X 的性质		二语者				
		初一	初二	中一	中二	高级
双音节	名	4	5	1	8	7
	动（支配）		2	2	1	1
	动（联合）			1	2	2
	动（状中）		1		2	1
	形	1	2	3	3	2
	代					
	方短					1
	介短					
多音节	名				1	1

表 5-4　　　　　　　　母语者 X 分类统计①　　　　　　　单位:%

X 的性质		母语者				
		4—5 岁	6—7 岁	8—9 岁	10—11 岁	≥18 岁
专名		4	3	4	14	9
单音节	名	30	18	30	18	29
	动	3	2	14	10	8
	形	53	62	42	47	39
	区别	2	14	4	2	7
	方位			3		1
	代					1
双音节	名	2		3	5	3
	动（支配）	4		1	1	2
	动（联合）					2
	动（状中）					
	形	4	1		4	2
	代					
	方短					1
	介短					
多音节	名					

① 统计方式同表 5-3。

根据表 5 - 3 和表 5 - 4，我们总结出发展的普遍特征和二语者独有特征。

发展的普遍特征：两类学习者都频繁使用"单音节名词/形容词 + 人"，如"工人、好人"。

二语者独有特征：二语者在初级阶段最频繁使用的是"表国名和地名的专有名词 + 人"，如"中国人、加拿大人"，进入中、高级阶段才转为最频繁使用"单音节名词/形容词 + 人"，这与母语者任何阶段都频繁使用"单音节名词/形容词 + 人"不同。二语者比母语者更能创造出或更容易提取到不同种类的"X"，因此 X 的分布上，二语者相对分散，而母语者相对集中。

5.3.4　习得顺序

我们使用"蕴含量表"考察了"X 人"的习得进程。将每类 X 在每一阶段的正确使用频率（即："X 人"在某阶段的正确使用频次／"X 人"在该阶段的出现频次），以 0.80 为标准分界线，转换为二分变量（0，1）。正确使用频率≥0.80 的，默认值为"1"，认为该类"X 人"在该阶段已被习得；正确使用频率 < 0.80 的，默认值为"0"，认为该类"X 人"在该阶段未被习得。各阶段未出现的"X 人"类型被视为"缺损语料"，处理为未习得，默认值为"0"。二语者习得顺序见表 5 - 5，母语者习得顺序见表 5 - 6。

表 5 - 5 表明：二语者在初一阶段习得的是"表国名和地名的专有名词、单音节名词/动词/形容词/区别词、双音节名词/形容词 + 人"；初二阶段未习得新的形式；中一阶段习得"双音节状中式动词 + 人"；中二阶段习得"单音节方位词、双音节支配式动词/代词/方位短语/介词短语 + 人"；高级阶段习得"单音节代词 + 人"；一直未较好习得的是"双音节联合式动词、多音节名词 + 人"。

表 5-5   **二语者蕴含量表（以 80% 为标准的二维量表）**

	高级	中二	中一	初二	初一	对	错
专名	1	1	1	1	1	5	0
单名	1	1	1	1	1	5	0
单动	1	1	1	1	1	5	0
单形	1	1	1	1	1	5	0
单区别	1	1	1	1	1	5	0
双名	1	1	1	1	1	5	0
双形	1	1	1	1	1	5	0
双动（状中）	1	1	0	1	0	3	2
单方位	1	1	0	0	0	2	3
双动（支配）	0	1	0	1	0	2	3
双代	1	0	1	0	0	2	3
双方短	0	1	1	0	0	2	3
双介短	1	1	0	0	0	2	3
单代	1	0	0	0	0	1	4
双动（联合）	0	0	0	0	0	0	5
多名	0	1	0	0	0	0	5
总计						49	31

汉语水平　高 ← 低

易 ↓ 难

表 5-6　　　　　　母语者蕴含量表（以 80% 为标准的二维量表）

	汉语水平						
	高◄——————————————低						
	≥18	10—11岁	8—9岁	6—7岁	4—5岁	对	错
专名	1	1	1	1	1	5	0
单区别	1	1	1	1	1	5	0
单动	1	1	1	1	1	5	0
单形	1	1	1	1	1	5	0
单名	1	1	1	0	1	4	1
双名	1	1	1	0	1	4	1
双形	1	1	0	1	1	4	1
单方位	1	1	1	0	0	3	2
双动（联合）	1	1	0	0	0	2	3
双动（状中）	1	1	0	0	0	2	3
双区别	1	0	0	1	0	2	3
单代	1	0	0	0	0	1	4
单量	0	0	1	0	0	1	4
双方短	1	0	0	0	0	1	4
双动（支配）	1	0	0	0	0	1	4
多名	0	0	0	0	0	0	5
总计						45	35

易

↓

难

表5-6表明：儿童4—5岁习得的是"表国名和地名的专有名词、单音节区别词/动词/形容词＋人"；6—7岁习得"单音节名词、双音节名词/形容词＋人"；8—9岁习得"单音节方位词＋人"；10—11岁习得"双音节区别词/联合式、状中式动词＋人"；11岁以后习得"单音节代词/量词、双音节方位短语/支配式动词＋人"。即使是成人母语者也很少提取和使用"多音节名词＋人"。

对比二语习得和母语习得，我们总结出发展的普遍特征：

两类学习者都遵循先单音节入词再双音节入词的习得规律。具体地说，先习得单音节名词、形容词、动词、区别词入词以及表国名和地名的专有名词（不分音节）入词，后习得双音节名词、形容词、动词入词。双音节动词中习得较好的是支配式和状中式动词入词。

5.3.5　偏误情况

发展的普遍特征：两类学习者都出现了"表人名词＋人"的偏误词。二语者多，出现在习得的各阶段，如"*妈妈人、*老师人、*明星人、*帅哥人"；母语者少，出现在6—7岁阶段，如"*妈妈人、*爸爸人、*老师人"。两类学习者都出现了用"人"代替其他表人施事后置名词性语素如"夫、员、子、者、蛋、族"等的偏误词，如"*鱼人、*运动人、*疯人、*唱歌人、?笨人、*上班人"等。

二语者独有特征：二语者还创造出一些"单音节方位词＋人"的偏误词，如"*上人、*中人"，母语者则没有。

5.4　讨论

（1）"X人"词族的习得过程，是X从单音节向双音节甚至再到多音节的扩散过程。X 扩散的起点是该类学习者的高频 X。

词汇扩散理论（William Wang[1]；Chen & Wang[2]；郑良伟[3]）曾合理地解释过语音和句法的变化过程。王士元[4]进一步指出儿童语言获得过程也是词扩散过程，即儿童是一个词一个词地获得，而不是一个音素一个音素地获得。

"X 人"词族的习得过程同样是一个扩散过程。无论是母语儿童还是二语成人，最早习得并最容易提取到的是几个高频 X 与"人"的组合。这些高频 X 除了受到现代汉语语言事实的影响，如"工人、老人"外，还受到提取者这类人群自身生活环境和关注焦点的影响。比如儿童首先习得"大人、小人"，而二语者首先习得的是"爱人、男人、女人、中国人"等。此后，学习者用类推的方法扩散，从单音节 X 到双音节 X。语料中发现二语者扩散到了三音节的 X（如：中老年人），但母语者却没有。二语者从"下人"类推出了"*中人、*上人"，但母语者却没有。二语者将 X 扩散到更多的类别中，但母语者的 X 分布相对集中。这很可能是因为母语儿童一直暴露于汉语环境中，日常生活的输入与反馈阻止了母语者的进一步类推扩散，而二语者接触的汉语环境有限，输入和反馈的不足未能阻止 X 的扩散。

正确率呈"U"形发展的现象证明了这个动态的扩散过程：习得初期，即扩散前，学习者通过输入直接获得"高频 X+人"，尚未开始类推，正确率高；习得中期，即扩散时，学习者开始类推并出现偏误，正确率降低；习得末期，即扩散开始被阻止时，足够的

---

[1]　Wang, W. S‑Y., "Competing Changes as a cause of residue", *Language*, 1969, 45 (1).

[2]　Chen, M. Y., and Wang, W. S.‑Y., "Sound change: actuation and implementation", *Language* 1975, 51 (2).

[3]　郑良伟：《词汇扩散理论在句法变化里的应用——兼谈台湾官话"有"字句的句法变化》，《语言教学与研究》1990 年第 1 期。

[4]　王士元：《语言变化的词汇透视》，《语言研究》1982 年第 2 期。

语言输入和外界反馈校正了偏误，阻止扩散无限制地进行下去，正确率回升。

此外，二语者在习得初期还出现一类特殊 X 大量入词的现象，即表国名、地名的专有名词入词，如 "？韩人、日本人、马达加斯加人"。这些专有名词虽然既有单音节词也有双音节词和多音节词，但它们意义凝固，无须进一步加工与分析，很可能是作为语块入词的，在二语者看来等同于单音节 X。

（2）自然度是 "人" 在多选竞争中战胜其他 N（如 "员、者、子" 等）的原因。

Hatch[①] 认为，自然度是语言习得的决定因素，表现为 "语言中某个特征对学习者是否凸显" 及 "一个已知形式与其意义之间的关系是否简单明了"。"人" 的意义简单，形式与意义之间 "一对一"，关系简单明了，而 "员、者、子" 等 N 义项较多，有的核心义甚至是［-人］（如 "虫"），形式与意义之间 "一对多"，关系复杂。无论是汉语儿童还是二语者，在面对 "X + N" 词法模式时更愿意选择自然度高的 "人" 作为 "N"，放弃自然度低的 "员、者、子" 等。我们对两类学习者使用 "X + N" 38 个词法模式所出现的误代类偏误进行了统计，结果也证明了上述分析：偏误基本都为 "人" 误代其他 37 个 N，如 "*运动人、*读人、？疯人、*上班人"，而其他 37 个 N 误代 "人" 的偏误却几乎没有。

董秀芳[②]对 "人、家、者、手、员、工、师、匠" 这些指示行为者的后缀进行过使用限制的分析，认为 "它们各自具有自己的出现环境，它们之间只存在量的能产性的差异，不存在质的能产性的

---

① Hatch, E., *Psycholinguistic: A Second Language Perspective*, Rowley, Mass: Newbury House, 1983.

② 董秀芳：《汉语的词库与词法》，北京大学出版社 2004 年版，第 99—101 页。

差异"。因此在二语教学中教师需特别提醒学习者，在面临选择时，用自然度高的"人"代替自然度低的其他"N"的方法是不可取的。

（3）过度类推泛化与语义透明度的凸显程度，可能是不同背景的二语者与汉语儿童都创造出"表人名词 + 人"偏误词的原因。

Dulay 和 Burt[1][2] 将第一语言习得与第二语言习得共有的偏误，称为发展性偏误，产生这类偏误的原因是目标语规则的过度类推泛化。在习得初期，学习者学会用"X + 人"词法模式来表"人"，如"客人、工人"，并将规则类推到所有"表人名词 + 人"上，创造出"*妈妈人、*老师人"，造成偏误。

此外，"语义透明度"可能是另一个原因。"语义透明度"指语言单位的"整体意义"可从其"部分意义"上得出的难易程度。[3] 汉语中，构词语素能够提供词义线索的复合词叫透明词，如"美丽、父母"；无法从字面上看出词义的复合词叫不透明词，如"刻薄、果断"。[4] 在众多复合名词的构词方式中，"种差 + 类"名词就比单纯的"种差"名词更容易被识别和认知，语义透明度也更高，试比较：

A 组			B 组		
绵阳	双流	新民	绵阳市	双流县	新民镇
唐	宋	清	唐朝/代	宋朝/代	清朝/代

① Dulay, H. & M. Burt., "Should we teach children syntax?" *Language learning*, 1973, 23: 245 – 258.

② Dulay, H. C. & M. K. Burt., "You can't learn without goofing: an analysis of children's second language 'errors'", J. C. Richards (ed.) *Error Analysis: Perspectives on second language acquisition*, London: Longman, 1974.

③ 李晋霞、李宇明：《论词义的透明度》，《语言研究》2008 年第 3 期。

④ 徐彩华、李镗：《语义透明度影响儿童词汇学习的实验研究》，《语言文字应用》2001 年第 1 期。

| 柳 | 银杏 | 白杨 | 柳树 | 银杏树 | 白杨树 |
| 菊 | 玫瑰 | 水仙 | 菊花 | 玫瑰花 | 水仙花 |

上例中，A、B两组词的意思完全相同：A组词直接指称概念，是单纯的"种差"名词；B组词在A组词的后面附加了一个上位语素，表示其所属的类别，是"种差+类"名词。A、B两组词都可以使用，以哪一种形式出现取决于语用环境。比如，"绵阳"是四川的第二大城市，四川人都很熟悉但外地人一般不知道。因此四川人之间一般只说"绵阳"；而四川人对外地人说话时一般会加上表示类别的上位语素"市"，让听话者从"市"上很容易地判断出前面的"绵阳"是一个"市"，从而达到有效交流的目的。又如，"唐、宋、清"是中国历史上的三个朝代，中国人之间常常直接使用；但中国人对外国人说话时则会加上表示类别的上位语素"朝"或"代"，以方便外国人识别。再如，成年人之间或者内行之间经常直接使用树名和花名，如"柳、银杏、白杨、菊、玫瑰、水仙"；而成年人对儿童说话、内行对外行说话时则常常附加上表类别的上位语素"树"和"花"，以帮助听话人判断。可见，B组词能够更好地帮助不熟悉背景知识的听话人识别，语义透明度更高。[1]

马建忠[2]、王力[3]和徐正考、史维国[4]曾提出过"语言简洁化、经济化的历时发展趋势"。上述长音节名词并没有被短音节名词取代，这除了音节韵律的作用外，语义透明度也是很重要的影响因素——语义透明的词能帮助听话人更有效地识别和认知。也就是说，长音节的"种差+类"名词因为语义更透明得以保留下来，在

---

① 齐沪扬、邵洪亮：《新词语可接受度的多角度审视——兼谈新词语的规范问题》，《上海师范大学学报》（哲学社会科学版）2008年第2期。
② 马建忠：《马氏文通》，商务印书馆1898年版。
③ 王力：《汉语史稿》，科学出版社1958年版。
④ 徐正考、史维国：《语言的经济原则在汉语语法历时发展中的表现》，《语文研究》2008年第1期。

现代汉语中,与短音节的"种差"名词共存。

　　不少不同母语背景的二语者和汉语儿童在同一次测试中既写下了"妈妈、老师",也写下了"*妈妈人、*老师人",在事后访谈中也表示"表人名词"和"表人名词 + 人"都可以说。"人"是"妈妈、老师"等所有表人名词的上位词。学习者可能希望通过"表人名词 + 人"的形式,突出"有了孩子的女人""传授文化技术的人"中的"人",更迅速有效地传达出该词 [+ 人] 的语义。但汉语中绝大部分"种差"名词不能附加表示类别的语素,表人的"种差"名词也是如此①,因此造成了此类偏误的产生。

5.5　针对二语者的教学建议

　　综上,本书提出针对二语者的教学建议。

　　(1) "X 人"词族的大量输入可安排在初二段进行。X 先单(外加专有)后双;单音节 X 主要集中在名、动、形、区别词上;双音节 X 主要集中在名、形和支配式动词上。

　　(2) 除了强调"人"不能附加在表人名词之后外,还需提醒学生注意:① "X + 家、者、手、员、工、师"等已经指称人,"人"不能附加在后面;② "人"与上述"家、者、手、员、工、师"等有各自的使用条件,不能用"人"代替其他。

5.6　本章创新点小结

　　在本章,我们同时使用半自然和非自然两种测试语料,对二语者习得"X 人"词族的过程进行了考察。测试按汉语学习时间分为

---

① 个别除外,如"客人"。

五个阶段:半年、1 年、1 年半、2 年、2 年以上。为了更好地展现二语者的习得特征,我们使用母语者五个阶段的测试语料作为参照。五个年龄段分别为:4—5 岁、6—7 岁、8—9 岁、10—11 岁、≥18 岁。

我们发现:

(1)"X 人"词族的习得过程,是 X 从单音节向双音节甚至再到多音节的扩散过程(如从"老人"到"老年人"再到"中老年人"),这是发展的普遍规律。X 扩散的起点,是某几个高频 X,但二语者与母语者并不相同:二语从"男、女、中国"开始扩散,母语者从"好、坏、大、小"开始扩散。

(2)无论是汉语儿童还是二语者,在面对"X + N"词法模式时,更愿意选择自然度高的"人"作为"N",放弃自然度低的"员、者、子"等,如"*运动人、*读人、?疯人、*上班人"。自然度是"人"在多选竞争中战胜其他 N(如"员、者、子"等)的原因。

(3)过度类推泛化与语义透明度的凸显程度,可能是不同背景的二语者与汉语儿童都创造出"表人名词 + 人"偏误词(如"妈妈人")的原因。

第 六 章

"VP + 者"的语素教学实验

6.1　研究目的

　　与单纯的背诵法相比，讲解构词法是否有助于学习者的习得？接受构词法和发现构词法，哪一种能够更加有效地促进派生词的习得？即时条件下的测试与延时条件下的测试呈现出哪些相同的特征？哪些不同的特征？为回答这个问题，我们选取了二语者的高频 N——"者"。鉴于"X 者"的构词规律比较复杂，而"VP + 者"①的构词规律相对明晰，我们将"VP + 者"作为"X + N"表人派生词的代表，进行了构词法规则的教学实验研究。

6.2　研究背景

　　现行对外汉语语法教学中只有词、词组、句子三级语法单位。

---

　　① 此处的"VP"，既包括动词（如"使用"），也包括含有动词的短语，如：状中式（目击）、动宾式（研究历史）、主谓式（历史研究），与传统本体界定（即不包括主谓式）略有不同。

词被认为是最低一级的语法单位。关于词的教学只涉及词类的划分、词在句中的语法功能等，构词法是教学中的一个空白。但语素和构词法的教学对外国人学习汉语很有必要，可以大大提高学生学习词汇、掌握词汇、扩大词汇以及正确运用词汇的能力。[①] 要重视并改进派生词的教学，有必要就教学方法——如何教授派生词，进行实验研究。

6.3 实验方法

6.3.1 被试

被试为 48 名中级水平的汉语学习者，来自日本、韩国、印度尼西亚、越南、俄罗斯、意大利、澳大利亚等 13 个国家，均为中山大学国际汉语学院留学生。

6.3.2 实验流程、材料与方法

我们参照张金桥[②]，靳洪刚、章吟[③]，洪炜[④]等的实验方法，将实验分为 4 个阶段，前后跨越 4 个月（见图 6 - 1）。

[①] 吕文华：《建立语素教学的构想》，载《第六届国际汉语教学讨论会论文选》，北京大学出版社 2000 年版；载孙德金主编《对外汉语词汇及词汇教学研究》，商务印书馆 2006 年版，第 275 页。

[②] 张金桥：《汉语词汇直接学习与间接学习效果比较——以词表背诵法和文本阅读法为例》，《汉语学习》2008 年第 3 期。

[③] 靳洪刚、章吟：《 "选择性注意" 与 "差异效应" 在汉语 "得" 字方式补语习得中的作用》，《世界汉语教学》2009 年第 4 期。

[④] 洪炜：《汉语作为第二语言的近义词习得研究》，博士学位论文，中山大学，2011 年。

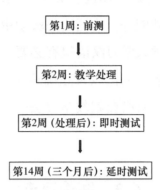

图 6-1　实验阶段

6.3.2.1　前测

前测在第 1 周进行。目的在于测量学习者对"VP+者"的掌握程度。使用纸笔测试，时间为 5 分钟。让学习者使用"X 者"构词，具体如下：

填空：使用"＿＿＿＿者"组词。

测试完成后，我们删去非"VP+者"，包括："形容词+者"，如"智者""自信者"；"名词+者"，如"理想主义者"；"数词+者"，如"第三者"。

我们按照"VP+者"的正确构词频数，将被试分成四组，每组 12 人，组间差异不显著 F（3，47）＝0.026，p＝0.994（>0.05）。这保证了四组被试基本同质。

6.3.2.2　教学处理

数学处理在第 2 周进行。为了避免学习者猜测出实验目的，"VP+者"① 的教学与其他 4 个无关生词的教学一起进行。在实验前，教师明确告诉学生，实验后将立刻对所学内容进行测试。

---

① 部分参见王茂春《现代汉语"VP+者"成立的几个条件》，《四川师范大学学报》（社会科学版）2003 年第 6 期。

（1）"接受组"的教学处理

"接受组"重在向学生讲解"VP+者"的构词法规则，包括"者"是如何提取宾语的、"者"的音节组配规律。不仅展现正确的构词形式，也同时强调错误的构词形式。呈现部分，教师使用"×（错）""☺（不常用）""☞（常用）"等增显视觉的符号帮助学生理解和记忆构词规律。该组的教学处理流程具体如图6-2和图6-3所示：

他踢球	他获奖	他爱国	我杀人	我捐款	我探路
×踢者	×获者	×爱者	×杀者	×捐者	×探者
×他踢者	×他获者	×他爱者	×我杀者	×我捐者	×我探者
踢球者	获奖者	爱国者	杀人者	捐款者	探路者

图6-2　"接受组"教学处理 PPT 第1页呈现情况（时间4分钟）

构词规则：

双音节+者：踢球者、获奖者；

√谓+宾（V+O）：踢球、获奖；

×主+谓（S+V）：他踢、他获

教师讲解如下：

"者"常常与双音节结构搭配，构成三音节词。"者"也与个别单音节动词搭配，但数量非常少。这个双音节结构，常常是"谓+宾"，如"踢球""获奖""爱国""杀人""捐款""探路"；不能是"主+谓"，如"他踢""他获""他爱""我杀""我捐""我探"。

我研究历史	我使用电脑	我表演节目
研究者	使用者	表演者
㊀研究历史者	㊀使用电脑者	㊀表演节目者
㊂历史 + 研究者	㊂电脑 + 使用者	㊂节目 + 表演者
他挑战极限	他翻译文章	他经营公司
挑战者	翻译者	经营者
㊀挑战极限者	㊀翻译文章者	㊀经营公司者
㊂极限 + 挑战者	㊂文章 + 翻译者	㊂公司 + 经营者

图 6-3 "接受组"教学处理 PPT 第 2 页呈现情况（时间 4 分钟）

注：该 PPT 呈现时间为 4 分钟；符号说明：㊀（不常用）、㊂（常用）。

构词规则：

双音节动词 + 者：研究者；

㊀ 双音节动词 + 宾语 + 者：研究历史者；

㊂ 宾语 + 双音节动词 + 者：历史研究者。

教师讲解如下：

双音节动词，如"研究"，后面常常直接加"者"，构成"研究者"。此时，"谓"的后面无须再加"宾"。"研究历史者"虽然是正确的，但较少使用。如果想要补充"宾"，如"历史"，最好先构成"VP + 者"，如"研究者"，再把"宾"加在"VP + 者"的前面，如"历史研究者"。

（2）"发现组"的教学处理

"发现组"重在启发学生主动发现"VP + 者"的构词规律。教师不直接教授构词规律，而仅仅是向学生呈现。呈现的内容同样包括："者"对谓宾的提取、"者"与双音节的组配规律。呈现只列出正确形式或最常用的构词形式，不强调错误的构词形式和少用的构词形式。在教学处理的过程中，教师保持沉默；若学生举手提问，教师鼓励学生"自己思考"，不回答任何关于"VP+者"构词规律的问题。该组教学处理流程具体如图6-4、图6-5所示：

他踢球	他获奖	他爱国	我杀人	我捐款	我探路
踢球者	获奖者	爱国者	杀人者	捐款者	探路者

图6-4 "发现组"教学处理PPT第1页呈现情况（时间4分钟）

我研究历史	我使用电脑	我表演节目
研究者	使用者	表演者
历史研究者	电脑使用者	节目表演者

他挑战极限	他翻译文章	他经营公司
挑战者	翻译者	经营者
极限挑战者	文章翻译者	公司经营者

图6-5 "发现组"教学处理PPT第2页呈现情况（时间4分钟）

（3）"背诵组"的教学处理

"背诵组"不接受任何构词法教学处理，仅仅被给予相同的自由学习时间。视觉呈现上，仅呈现"VP+者"的正确构词形式和常用构词形式，不呈现错误构词形式和少用构词形式，不提示"者"是如何提取宾语的。教师操作时，不做任何讲解，不回答任何关于"VP+者"构词规律的提问，不干涉学生的学习方式。经教师观察，此时，有的学生抄写，有的学生朗读，有的学生默看。

该组的具体处理流程如图 6 - 6、图 6 - 7 所示：

踢球者	获奖者	爱国者	杀人者	捐款者	探路者

图 6 - 6 "背诵组"教学处理 PPT 第 1 页呈现情况（时间 4 分钟）

研究者	使用者	表演者
历史研究者	电脑使用者	节目表演者
挑战者	翻译者	经营者
极限挑战者	文章翻译者	公司经营者

图 6 - 7 "背诵组"教学处理 PPT 第 2 页呈现情况（时间 4 分钟）

（4）"对照组"的教学处理

"对照组"不接受任何的教学处理。

（5）小结

"接受组、发现组、背诵组"被试在"VP + 者"上接受教学处理的时间相同，都为 8 分钟。"对照组"未接受任何教学处理。为了将前三组与"对照组"区分开来，我们将前三组统称为"有处理组"，将"对照组"称为"无处理组"。

"接受组、发现组"被试接受了词法规则的处理，"背诵组"未接受词法规则的处理。为了将这三组进一步区分开来，我们将前两组统称为"有词法规则处理组"，将"背诵组"称为"无词法规则处理组"。

四组的关系概括如图 6 - 8 所示：

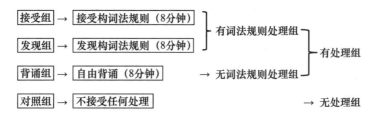

图6-8 四组被试教学处理的情况

6.3.2.3 即时测试

为了解三个有处理组的学习情况，在教学处理环节结束后，我们立即进行了测试。测试方法同"前测"：使用纸笔测试，让学习者用"X 者"构词。为了隐藏实验目的，测试内容包含教学处理中出现过的"X 者"以及另外 4 个无关的生词。对照组也在同一时间（即第 2 周）进行了相同的测试。在测试完成后，教师剔除非"VP + 者"。

6.3.2.4 延时测试

为了考察不同教学处理对被试长时记忆造成的影响，我们在第 14 周，也就是在教学处理完成的三个月后，对这四组被试进行了延时测试。测试方法同"前测"和"即时测试"。同样，为了隐藏实验目的，"延时测试"中包含"X 者"的产词测试和另外 4 个无关的生词测试。在测试完成后，教师剔除非"VP + 者"。

6.4 结果与分析

我们统计了"VP + 者"的正确使用频率，并使用 SPSS 进行了统计分析。三个组前测、即时测试、延时测试的平均值和标准差，如表 6-1 和图 6-9 所示：

表6-1   四组前测、即时测试、延时测试正确频次比较   单位：次/人

组别	前测	即时测试	延时测试
接受组	3.42 (0.79)	10.33 (2.06)	11.08 (2.75)
发现组	3.33 (0.89)	10.25 (1.22)	7.33 (1.61)
背诵组	3.42 (1.08)	10.17 (1.19)	4.25 (1.06)
对照组	3.42 (0.79)	3.50 (0.67)	4.33 (1.23)

注：括号内为标准差（SD）。

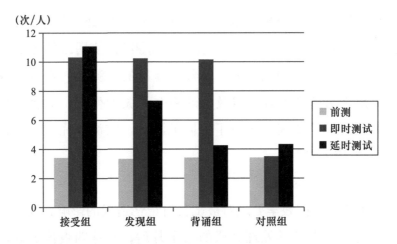

图6-9 四组前测、即时测试、延时测试正确频次比较

6.4.1 即时测试与前测的差异

即时测试是在教学处理完成后立刻进行的。因此，该成绩反映的是教学处理的即时效果。我们将前测的正确使用频次与即时测试的正确使用频次进行了对比，发现了以下特点。

（1）即时条件下，不同的教学处理均产生了促进作用。

将即时测试成绩与前测成绩对比发现，"有处理组"的正确使用频次显著增加："接受组"从3.42增至10.33；"发现组"从3.33增至10.25；"背诵组"从3.42增至10.17。经方差分析，P

值均小于 0.05。只有"未处理组"（即"对照组"）的前、后两次测试无差异，P 值大于 0.05。这说明，尽管教学处理的方式不同，但都对"VP+者"的学习造成了影响。

（2）即时条件下，不同教学处理的促进作用没有差异。

我们将"有处理组"的即时测试成绩进行了方差分析，发现"接受组""发现组"和"背诵组"之间无差异，P 值大于 0.05。正确使用频率上，接受组为 10.33，发现组为 10.25，背诵组为 10.17，单从数值上我们也可以看出三个组非常一致。

再结合特点（1），我们可以概括出：不同的教学处理，即"讲解规则""启发规则"和"死记硬背"三种教学方式都能对"VP+者"的即时学习造成影响，三者之间没有优劣之分。

6.4.2 延时测试与前测、即时测试的差异

延时测试是在教学处理完成的三个月后进行的。它反映的是教学处理在延时条件下的教学效果。

对比延时测试成绩的组间差异，发现，在延时条件下：

（1）"接受组"的持续效果最优。

三个"有处理组"中，"接受组"的正确频次最高，为 11.08，显著高于其余三组，P 值小于 0.05。

（2）"发现组"的持续效果次优。

三个"有处理组"中，"发现组"的延时测试成绩次之，正确使用频次为 7.33。与其余三组相比，两两组间差异显著，P 值均小于 0.05。

（3）"背诵组"可能没有持续效果。

延时测试的正确频次，为"背诵组"4.25，"对照组"为 4.33。两两组间无差异，P 值大于 0.05。

为了解不同教学处理的延时效果是继续增加还是有所下滑，我

们又考察了纵向发展，将"有处理组"各自内部的前测、即时测试、延时测试三个成绩进行了对比。结果发现：

纵向发展上，三个"有处理组"中，仅有"接受组"在延时条件下的效果保持持续增加；"发现组"和"背诵组"的延时效果均减弱。这体现在，只有"接受组"的正确频次持续上升，从即时的 10.33 上升到延时的 11.08。但"发现组"从即时的 10.25 下滑到延时的 7.33，但仍高于前测的 3.33；"背诵组"从即时的 10.17 下降到延时的 4.25，但仍然高于前测的 3.42。统计分析显示，以上两两差异均显著。

6.5　讨论

上述实验清楚地显示，在即时条件下，有词法规则处理（接受式、发现式）与无词法规则处理（背诵式）对二语者学习"VP＋者"都有促进作用，且作用相当。但在延时条件下，两种有规则的处理仍然保留促进作用，但无规则处理的促进作用消失；两种有规则的处理中，接受式处理显著优于发现式处理。

我们感兴趣的问题是：在即时条件下，三个组的教学处理表现出相同的促进作用，但在这个"相同"的表面现象下，是否隐藏着"不同"？另外，在延时条件下，三个组的教学处理表现出不同的促进作用，在这个"不同"下，又隐藏着哪些"相同"？

6.5.1　联结加工、激活加工与创造性加工

杨治良[①]、梁宁建[②]指出词汇学习中的"联结加工"，学习者通

---

① 杨治良、郭力平、王沛、陈宁编著：《记忆心理学》（第二版），华东师范大学出版社 1999 年版。

② 梁宁建：《当代认知心理学》，上海教育出版社 2003 年版。

过在短时间内反复刺激同一个词，建立起该词的形、音、义的直接联结。Sokmen[1]指出，刺激次数越多，这种形（或音）义间的联结就越强。如果在词汇输入时，被试更多进行的是"联结加工"，那么输入什么词，被试就建立这些词的形、音、义（或其中两者）之间的联结，不太可能激活相关的已学词或创造出相关的未学词。我们将这一认知过程概括为"输入→拷贝→产出"，简单地说，即"输入什么就产出什么"；被试产出的词汇中，与输入语料一模一样的这一部分词汇，我们称为"拷贝词"。

桂诗春[2]的研究又指出，在联结加工的过程中还存在一种"激活加工"。如果在输入词汇时，被试不仅进行了"联结加工"，还进行了"激活加工"，那么，被试不仅联结了这些"输入词汇"的形、音、义，还激活了与这些"输入词汇"相关联的词法规则及语义系统。因此在产出活动中，被试不仅产出与实验输入词完全一样的"拷贝词"，还产出了实验输入词之外的词，其实也就是被试曾在其他场合见过、听过或学过的词。我们将这一认知过程概括为"输入→拷贝/激活→产出"；并将这些实验中没有输入的，但被试曾经在其他场合接受过输入的词称为"激活词"。

此外，在"联结加工"和"激活加工"之外，可能还存在一种创造性活动[3][4]，我们称之为"创造加工"。即被试不仅联结了这些"输入词汇"的形、音、义，激活了与这些"输入词汇"相关

---

① Sokmen. A. J. , "Current trends in teaching second language vocabulary", in N. Schmitt and MceCarthy（eds.）*Vocabulary：Description, Acquisition and Pedagory*, Cambridge：Cambridge University Press, 1997.

② 桂诗春编著：《新编心理语言学》，上海外语教育出版社 2002 年版。

③ Stoffer, I, *University foreign language students' choice of vocabulary learning strategies as related to individual difference variables*, University of Alabama：Unpublished PHD dissertation, 1995.

④ Rod Ellis, *Understanding Second Language Acquisition*，上海外语教育出版社 1985 年版，第 170 页。

的词法规则及语义系统，还在这个系统范围内创造出他们从未见过、听过、学过的"新词"。我们将这一认知过程概括为"输入→拷贝/激活/创造→产出"。需要说明的是，这里的"新词"，不是本体研究中所说的"新词新语"，而是对学习者而言的，是指学习者从未接触过的"新词"。为了避免混淆，我们称之为"新习得词"。这些新习得词，可能是我们汉语语料中存在的合法词，也可能是汉语语料中从未有过的不合法词。

6.5.2　三种教学处理与三种认知加工的关系

被试产出的"VP+者"中，哪些直接来自实验的输入（拷贝词），哪些来自实验之外的输入（非拷贝词）？此外，这些实验输入之外的"VP+者"中，哪些是被试曾经在其他语境中输入过的，即他们曾经见过、听过或学过的（激活词），哪些是被试从来不曾接触过的，即在实验处理中才新出现的（新习得词）？我们采用"先比对，再事后访谈"的方法，区分出了这三类词。比如，被试A的即时测试答卷如下：

使用者、表演者、管理者、有意者、打球者、跑步者。

具体操作步骤为：① 比对输入语料，将"使用者、表演者"划分为"拷贝词"。② 比对被试A的前测答卷，"管理者"已在前测中出现，故定义为"激活词"。③ 将剩下的三个词返还给被试本人，让被试逐一判断："哪些是你曾经见过、听过或学过的？哪些是今天测试中新出现的？"被试A将"有意者"判断为"见过、听过或学过的词"，将"打球者、跑步者"判断为"测试中新出现的词"，故我们将"有意者"归入"激活词"，将"打球者、跑步者"归入"新习得词"。经统计，三类词的比例如下：

表6－2			拷贝词、激活词、新习得词的比例					单位:%
测试方式	有词法规则组						无词法规则组	
	接受组			发现组			背诵组	
	拷贝词	激活词	新词	拷贝词	激活词	新词	拷贝词	激活词	新词
即时测试	73	14	13	81	13	6	97	3	0
延时测试	39	37	24	54	35	11	57	43	0

对比表6－1和表6－2，我们不难发现：

（1）在即时测试条件下，尽管三种教学处理对产词的促进效果相当，但所产词汇的来源不同：背诵组，基本全是拷贝词（97%），仅有少量激活词（3%），没有新习得词。与背诵组相比，发现组拷贝词的比例降低，为81%；激活词和新习得词的比例增加，分别为13%和6%。与发现组相比，接受组拷贝词的比例进一步降低，仅为73%；而激活词和新习得词的比例进一步增高，分别为14%和13%。很显然，词法规则的清晰程度与产词活动的创造性程度呈正相关：规则越清晰，产词的创造性活动越多，复制性活动越少。

再与三种认知活动结合起来，我们发现，机械背诵主要促进的是联结加工，少量促进激活加工，不促进创造性加工。而构词规则不但促进联结加工，也促进激活加工和创造性加工。

（2）在延时测试条件下，尽管三种教学处理对词汇产出的促进效果不同，但上述正相关性依然不变；同时保持不变的还有，机械背诵对联结加工的促进作用、构词规则对激活加工和创造性加工的促进作用。

（3）无论是即时还是延时条件下，与激活词和新习得词相比，拷贝词的比例始终最高。可见，无论是哪种教学处理方式，联结加工都是最主要的认知加工方式。

6.5.3　小结

综上所述，背诵式的学习方式虽然有助于被试在短时间内联结形、音、义之间的关系，记忆和产出大量词汇，但这种联结的稳固性很弱，难以抵抗记忆的消退。原因是，背诵方式带有强制性和机械性，若不及时复习或强化，这种联结强度会随着时间的推移而自动减弱甚至为零。① 这一点与张金桥②的实验研究结果是一致的。与机械背诵相比，词法规则建立在理解并创造性使用的基础上。Craik 和 Lockhart③、Craik 和 Tulving④ 就曾指出过，对词汇信息进行深层加工才是词汇学习的有效手段。因为深层加工能加强形、音、义之间联结的稳固性，有效地抵抗记忆的消退。⑤ Stoffer⑥ 也指出，创造性活动是词汇学习的重要策略。Oxford⑦ 更是强调了词根词缀派生关系在词汇学习活动中的重要性，这种方法既能有效促进新词的学习，又能有效地促进旧词的巩固。Schmitt⑧ 进一步指出，虽然大部分策略也或多或少地具有这样的"双重功效"，但词根词缀学习法的功效最为明显。

---

① 杨治良、郭力平、王沛、陈宁编著：《记忆心理学》（第二版），华东师范大学出版社1999年版。

② 张金桥：《汉语词汇直接学习与间接学习效果比较——以词表背诵法和文本阅读法为例》，《汉语学习》2008年第3期。

③ Craik，F. I. M. and Lockhart R. S.，"Levels of processing：a framework for memory research"，*Journal of Verbal Learning and Verbal Behavior* 11，1972：671 – 684.

④ Craik，F. I. M. and E. Tulving，"Depth of processing and the retention of words in episodic memory"，*Journal of Experimental Psychology*，1975，104：268 – 284.

⑤ Norbert Schmitt，"Vocabulary Learning Strategies"，in Norbert Schmitt & Michael McCarthy（eds.）*Vocabulary：description，acquisition and pedagogy*，2002：199.

⑥ Stoffer，I.，University foreign language students' choice of vocabulary learning strategies as related to individual difference variables，University of Alabama：Unpublished PHD dissertation，1995.

⑦ Oxford，R. L.，*Language learning strategies：What every teacher should know*，Boston：Newbury House，1990.

⑧ Schmitt Norbert，"Vocabulary Learning Strategies"，in Norbert Schmitt & Michael McCarthy（eds.）*Vocabulary：description，acquisition and pedagogy*，2002：207.

6.6 教学启示

第一，课堂词汇学习很有必要。我们的实验表明，无论是机械背诵式教学还是词法规则式教学，只要在课堂上留出很少的一部分时间用于词汇教学，就能明显促进学习者的词汇产出。

第二，大量输入很重要[①]。实验表明，无论是哪种教学处理，被试产出的词汇中，绝大部分来自实验的输入。这说明，输入是输出的前提。

第三，X 的入词规律（X 的词性、音节）不可或缺。清晰的词法规则不仅有助于即时条件下的词汇产出，更重要的是，还有助于抵抗时间的推移和记忆的消退。因此，传统的字本位教学，也就是以语素为本位的教学，是不该被忽视的；其中，词根词缀组合成词的规则应该得到足够的重视，包括 X 的词性和音节。

第四，增显视觉输入是促进词汇学习的有效手段，如用"×、√"等符号强调构词的规律。前人已有研究表明，增显视觉输入并和其他教学处理相结合能够更有效促进词汇的学习效果（Doughty[②]；Williams[③]；Izumi[④]；Rott[⑤]；周榕、吕丽珊[⑥]；洪炜[⑦]）。

[①] Krashen, S. , *Principles and practice in second language acquisition*, Oxford: Pergamon, 1982.

[②] Doughty, C. , "Second language instruction does make a difference", *Studies in Second Language Acquisition*, 1991, 13（4）: 431 –469.

[③] William, J. N. , "Memory, attention, and inductive learning", *Studies in Second Language Acquisition*, 1999, 21（1）: 1 –148.

[④] Izumi, S. , "Output, input enhancement, and the noticing hypothesis: An experimental study on ESL relativization", *Studies in Second Language Acquisition*, 2002, 24（4）: 541 –577.

[⑤] Rott, S. , "The effect of frequency of input enhancements on word learning and text comprehension", *Language Learning*, 2007, 57: 165 –199.

[⑥] 周榕、吕丽珊：《输入增显与任务投入量对英语词汇搭配习得影响的实证研究》，《现代外语》2010 年第 1 期。

[⑦] 洪炜：《汉语作为第二语言的近义词习得研究》，博士学位论文，中山大学，2011 年。

6.7　本章创新点小结

本章选取二语者的高频 N——"者"，就"VP + 者"的构词规律，对二语者进行了词法规则的教学实验研究。

被试分为四个组：词法规则接受组、词法规则发现组、背诵组、对照组。实验分为 4 个阶段，前测（第 1 周）、教学处理（第 2 周）、即时测试（处理后）、延时测试（3 个月后）。

对比即时测试与前测，我们发现：在即时条件下，有词法规则处理（接受式、发现式）与无词法规则处理（背诵式）对二语者学习"VP + 者"都有促进作用，且作用相当。但在延时条件下，两种有规则的处理（接受式、发现式）仍然保留促进作用，但无规则处理（背诵式）的促进作用消失；两种有规则的处理中，接受式处理显著优于发现式处理。

认知心理学认为，词汇学习有"联结加工""激活加工"和"创造性加工"等不同加工方式。根据被试产出的词汇的类型（拷贝词、激活词、新习得词），我们分析了三种教学处理对这三种加工的促进作用：

（1）即时测试条件下，尽管三种教学处理对产词的促进效果相当，但所产词汇的来源不同；被试在产词时进行的认知加工也不同。机械背诵主要促进"联结加工"，少量促进"激活加工"，不促进"创造性加工"；而构词规则不但促进"联结加工"，也促进"激活加工"和"创造性加工"。

（2）延时测试条件下，尽管三种教学处理对词汇产出的促进效果不同，但与即时测试相同的是：机械背诵主要促进的是"联结加工"，少量促进"激活加工"，不促进"创造性加工"。而构词规则不但促进"联结加工"，也促进"激活加工"和"创造性加工"。

（3）无论是哪种教学处理方式，无论是即时还是延时条件下，联结加工都是最主要的认知加工方式。

最后，我们总结了本实验对二语教学的四点启示：

（1）课堂词汇学习很有必要。

（2）大量输入很重要。

（3）X 的入词规律（X 的词性、音节）不可或缺。

（4）增显视觉输入是增加词汇学习的有效手段。

第 七 章

派生构词法在教材练习中
的使用情况

7.1 考察对象、目的、理论基础

7.1.1 对象

目前，每年出版的国际汉语教材很多，但精品不多，海外适用的更少。教材已成为制约国际汉语教育快速发展的瓶颈之一。

语言教材中，初级入门教材是最重要的。① 根据中山大学国际汉语教材研发与培训基地在"第六届孔子学院大会"教材展（2011 年12 月 12—14 日，北京）上所示数据，全球汉语教材库中，注明学习者汉语水平的教材共 6245 册，其中初级教材 3929 册，占 62.9%。

语言三要素的教学中，词汇教学的地位举足轻重（McCarthy②；吴勇毅③；周国光、范崇峰④），"没有词汇，任何东西都无法传

---

① 佟秉正：《初级汉语教材的编写问题》，《世界汉语教学》1991 年第 1 期。

② McCarthy，M，*Vocabulary*，Oxford：OUP，1990.

③ 吴勇毅：《汉语作为第二语言语法教学的"语法词汇化"问题》，《暨南大学华文学院学报》2002 年第 4 期。

④ 周国光、范崇峰：《汉语词汇语义系统研究方法论》，《江苏大学学报》（社会科学版）2011 年第 5 期。

递"①。初级教材，教什么词，非常重要；如何练这些词，同样重要。杨惠元②指出，"教"的结果只是"懂"，"练"的结果才是"会"。要完成从"懂"到"会"的转化，关键在于练习。③要编写出精品词汇练习，要研发成人、儿童适用的词汇练习，国内、海外适用的词汇练习，有必要就已有教材练习如何巩固词汇进行系统考察。为此，我们考察了近年出版的5部代表性综合初级教材的练习④设计。

其中，儿童教材2部：

《汉语乐园》1、2、3⑤（简称《乐园》）。

《轻松学汉语》1、2、3、4⑥（简称《轻松》）。

成人教材3部，其中国内2部，海外1部：

《汉语教程　一年级教材》1、2、3⑦（简称《教程》）。

《博雅汉语·初级起步篇》Ⅰ、Ⅱ⑧（简称《博雅》）。

《中文听说读写》LEVEL 1 PART 1、2⑨（简称《听说读写》）。

7.1.2　目的与理论基础

同一个词，操练方法不同，记忆的深度和广度就会不同。

---

① Wikins, D. A, *Linguistics in Language Teaching*, London：Edward Arnold, 1978：111.

② 杨惠元：《论〈速成汉语初级教程〉的练习设计》，《语言教学与研究》1997年第3期。

③ 周健、唐玲：《对汉语教材练习设计的考察与思考》，《语言教学与研究》2004年第4期。

④ 本文所说的"练习"，既包括传统意义上操练语言点的练习，也包括体验式的活动。

⑤ 刘富华、王巍、周芮安等主编：《汉语乐园》1、2、3，北京语言大学出版社2005年版。

⑥ 马亚敏主编：《轻松学汉语》（少儿版）1、2、3、4，三联书店（香港）有限公司2005年版。

⑦ 杨寄洲主编：《汉语教程　一年级教材》1、2、3，北京语言大学出版社2006年版。

⑧ 李晓琪主编，徐晶凝、任雪梅编著：《博雅汉语·初级起步篇》Ⅰ、Ⅱ，北京大学出版社2005年版。

⑨ 刘月华、姚道中主编：《中文听说读写》LEVEL 1 PART 1、2，美国 Cheng & Tsui 公司2009年版。

有的操练方法，效果又快又好；有的操练方法，效果又慢又差。①② 这里的操练方法，是指为促进学习者获得、存储、提取和利用词汇信息而进行的操作，也即第二语言的词汇学习策略（Cook 和 Mayer③；Ahmed④；Cohen⑤；Nation⑥；Oxford⑦；吴勇毅⑧⑨）。

词汇学习策略分类系统众多，其中，Cook 和 Mayer⑩ 的分类系统，提出时间较早，至今仍在词汇策略研究中起着重要的基础性作用。⑪ 该系统将词汇学习策略分为发现策略和巩固策略两类：前者指的是学习者发现新词词义的策略；后者是学习者用来巩固已学词汇的策略。此外，Oxford⑫ 的词汇策略分类系统最为全面，被引次

---

① 江新：《汉语作为第二语言学习策略初探》，《语言教学与研究》2000 年第 1 期。

② 彭小川、许琨：《汉语二语教学中教学手段运用的针对性问题》，《华文教学与研究》2010 年第 1 期。

③ Cook, L. K. and R. E. Mayer, "Reading strategies training for meaningful learning from prose", in M. Pressley and J. R. Levin（eds.）*Cognitive Strategy Research*, New York: Springer Verlag, 1983.

④ Ahmed, O., "Vocabulary learning strategies", in P Meara（ed.）*Beyond Words*, September 1989.

⑤ Cohen, A. D., *Language Learning*, Boston: Heinle & Heinle Publisher, 1990.

⑥ Nation, I. S. P., *Teaching and Learning Vocabulary*, Boston: Heile & Heile Publisher, 1990.

⑦ Oxford, R. L., *Language Learning Strategies: What Every Teacher Should Know*, Boston: Newbury House, 1990.

⑧ 吴勇毅：《不同环境下的外国人汉语学习策略研究》，博士学位论文，上海师范大学，2007 年。

⑨ 吴勇毅：《意大利学生汉语口语学习策略使用的个案研究》，《世界汉语教学》2008 年第 4 期。

⑩ Cook, L. K. and R. E. Mayer, "Reading strategies training for meaningful learning from prose", in M. Pressley and J. R. Levin（eds.）*Cognitive Strategy Research*, New York: Springer Verlag, 1983.

⑪ Schmitt, N., "Vocabulary learning strategies", in Schmitt, N. & McCarthy, M.（eds.）*Vocabulary: Description, Acquisition and Pedagogy*, 上海外语教育出版社 2002 年版。

⑫ Oxford, R. L., *Language Learning Strategies: What Every Teacher Should Know*, Boston: Newbury House, 1990.

数多，影响力相当大。①②③ 该系统将词汇学习策略细分为四类：记忆策略、社交策略、认知策略、元认知策略。后来，Schmitt④ 综合了这两个影响较大的分类系统，建立了一套比较完善的词汇学习策略分类系统，如表 7 - 1 所示：

表 7 - 1　　　　　　　　　　词汇学习策略分类系统

类别	发现策略		巩固策略			
	判断	社交	社交	记忆	认知	元认知
种数	9	5	3	27	9	5
总计	14		44			

　　鉴于该词汇学习策略分类系统影响力大、分类全面；同时，"利用词根词缀来巩固已学词汇"（以下简称"词根/缀"）是 44 种"词汇巩固策略"之一（隶属"记忆"策略）。因此，我们使用 Schmitt 的词汇巩固策略，作为本章的理论框架，来考察教材编者在练习中如何运用这些词汇巩固策略（包括"词根/缀"策略），帮助学习者强化和巩固已学词汇；并进而分析，在众多策略中，"词根/缀"策略的使用情况及地位。

---

①　江新：《汉语作为第二语言学习策略初探》，《语言教学与研究》2000 年第 1 期。

②　Schmitt, N. , "Vocabulary learning strategies", in Schmitt, N. & McCarthy, M. （eds.）*Vocabulary：Description，Acquisition and Pedagogy*，上海外语教育出版社 2002 年版。

③　王新菊：《第二语言学习策略研究综述》，《新疆大学学报》（哲学·人文社会科学版）2008 年第 3 期。

④　Schmitt, N. , "Vocabulary learning strategies", in Schmitt, N. & McCarthy, M. （eds.）*Vocabulary：Description，Acquisition and Pedagogy*，上海外语教育出版社 2002 年版。

7.2 词汇巩固策略理论下的练习设计

并非所有的词汇巩固策略都适用于练习设计。经考察，44 种词汇巩固策略（见表 7－1），在 5 部教材练习中的运用情况如下：

表 7－2 巩固策略在 5 部教材中的运用情况①

巩固策略		种数
社交策略	小组活动	1
记忆策略	图片、经历、语义场、近/反义、句子、故事、听辨、朗读、词根/缀、词类、解释、成语、动作、空间	14
认知策略	重复	1
总计		16

表 7－2 显示，44 种词汇巩固策略（见表 7－1），5 部教材练习共运用了 16 种，包括"词根/缀"策略。其中，运用的社交策略仅有 1 种，即"小组活动"；认知策略也只有 1 种，即"重复"。以下举例说明三类巩固策略如何运用于教材练习的编写，并进而统计分析各类策略在 5 部教材练习中所占比重。

7.2.1 巩固策略在练习中的运用

（1）社交策略

社交策略，重在通过人与人之间的互动来巩固新词。适用于教材练习的社交策略是小组活动（包括两人、几人、全班共同参与的

---

① 元认知策略，是学习者对自己的监控，而非外来（如"教材、教师"等）的监控。因此，很难适用于教材练习。在我们考察的 5 部教材中，都没有运用。

活动），如：

例 1

绕教室走一圈，采访每一位同学：国籍、出生年、属相。（《听说读写》2，第 123 页）

Nation[1]、Dansereau[2] 指出，该策略有助于有效处理词汇，提升参与者的动力，培养学习者的团队合作精神。

（2）记忆策略

记忆策略，将新词汇知识融入旧认知框架，有助于促进新、旧知识的融合与统一。该融合过程是一种精细的心理加工过程，符合认知心理学的"词汇深层加工理论"，因此有助于抵抗记忆的消退[3][4]；此外，由于该类策略提供了提取新词汇的线索，故能帮助学习者记得更深，提取得更快[5]。适用于教材练习的记忆策略比较多（详见本章第 3 节），此处举 1 种说明，如：利用词根词缀巩固已学词汇：

例 2

写出带"家"的词语：画家、＿＿＿＿＿＿、＿＿＿＿＿＿。（《博雅》Ⅱ，第 157 页）

学习者通过派生法，将"画家"（44 课）、"哲学家"（54 课）等已学词汇联系在一起。这样，"家"就成为了"画家、哲学家"

---

① Nation, I. S. P., "The combining arrangement: some techniques", *English Teaching Forum*, 1979, 17（1）.

② Dansereau, D. F., "Cooperative learning strategies", in C. E. Weinstein, E. T. Goetz and P. A. Alexander（eds.）*Learning and Study Strategies*: *Issues in Assessment, Instruction, and Evaluation*. New York: Academic Press, 1988.

③ Craik, F. I. M. and Lockhart, R. S., "Levels of processing: a framework for memory research", *Journal of Verbal Learning and Verbal Behavior*, 1972, 11.

④ Craik, F. I. M. and Tulving, E., "Depth of processing and the retention of words in episodic memory", *Journal of Experimental Psychology*, 1975, 104.

⑤ Thompson, I., "Memory in language learning", in A. Wenden and J. Rubin（eds.）*Learner Strategies in Language Learning*, New York: Prentice Hall, 1987.

的提取线索。同时，学习者将"画家、哲学家"这些词汇融入"人物"这个旧认知框架中，完成新旧知识的统一。

（3）认知策略

认知策略，主要通过机械的方法来加强和巩固词汇。适用于教材练习的认知策略是重复，比如：

例 3

替换：这件有点儿长（贵、肥、长、大、深），有没有短（便宜、瘦、短、小、浅）一点儿的？（《教程》1下，第49页）

学习者通过替换使用括号里的词，反复操练该课很重要的两个生词"有点儿"和"一点儿"，以达到巩固。尽管重复策略与"词汇深层加工理论"相悖，但它仍是行之有效的一种策略，也是迄今为止使用最为广泛的一种策略。大量学习者正是通过重复，达到词汇的高级水平。[①]

7.2.2 巩固策略在练习中的分布

以上三类巩固策略，在成人教材和儿童教材中的分布是否相同？为回答这个问题，我们对5部教材进行了统计。需要说明的是，有的练习同时使用了几种策略，我们在统计时每种策略各计1次。如：

例 4

看图填量词。（《博雅》I，第70页）

该练习用图片呈现出"一辆自行车、一瓶汽水、一杯啤酒"等，要求学习者填写量词"辆、瓶、杯"。统计时，"图片"策略和"词类"策略各记1次。

先看儿童教材的情况。

---

① Schmitt, N., "Vocabulary learning strategies", in Schmitt, N. & McCarthy, M. （eds.） *Vocabulary: Description, Acquisition and Pedagogy*，上海外语教育出版社 2002 年版。

表7-3　　　　　　　巩固策略在儿童练习中的分布　　　　　单位：次,%

	社交策略	记忆策略	认知策略	总计
《乐园》	21/4.9	383/89.1	26/6.0	430/100.0
《轻松》	90/5.2	1540/88.5	110/6.3	1740/100.0
平均值	55.5/5.1	961.5/88.6	68/6.3	1085/100.0

表7-3显示出儿童练习的特点。

（1）总的来说，儿童练习，记忆策略（88.6%）占主导地位，社交策略（5.1%）和认知策略（6.3%）较少。

（2）对比两部教材发现，三类策略所占比例，《乐园》与《轻松》相当一致。这说明，两部儿童教材的编者对策略运用的看法高度一致。

再看成人（国内、海外）教材的情况。

表7-4　　　　　　　巩固策略在成人练习中的分布　　　　　单位：次,%

	社交策略	记忆策略	认知策略	总计
《博雅》	0/0	678/86.6	105/13.4	783/100.0
《教程》	0/0	1037/82.0	228/18.0	1265/100.0
《听说读写》	105/12.9	559/68.4	153/18.7	817/100.0
平均值	35/3.7	758/79.4	162/17.0	955/100.0

表7-4显示，成人练习在策略使用上的特点如下。

（1）总的来说，记忆策略是最主要的策略（79.4%）；认知策略其次（17.0%）；社交策略最少（3.7%）。

（2）就单部教材来说，使用的策略种数，海外教材《听说读写》高于国内教材《博雅》和《教程》。《听说读写》使用了社交、记忆、认知三大类策略，而《博雅》和《教程》却只使用了后两种。这说明，国内教材忽略了社交策略的使用。

对比表7-3与表7-4，我们发现儿童与成人练习的不同点。

记忆策略，儿童（88.6%）远远高于成人（79.4%）；认知策略，儿童（6.3%）远远低于成人（17.0%）。这说明，儿童教材更加重视有意义的记忆；而成人教材，更加重视机械的重复。

7.3　记忆策略在练习中的运用与分布

记忆策略是练习中的主要策略。以下举例说明14种记忆策略（见表7-2）如何运用于教材练习的编写，进而统计分析各种记忆策略在国内、海外练习中的比重。

7.3.1　记忆策略在练习中的运用

（1）使用图片（简称"图片"）

例5

你是_____人吗？（用国旗图片代替"美国""英国"等）（《听说读写》1，第56页）

（2）与个人经历相联系（简称"经历"）

例6

你的爱好是什么？（《听说读写》1，第116页）

（3）联系同语义场词汇（简称"语义场"）

例7

写出你所知道的词语：动物：熊猫、_____、_____。（《博雅》Ⅱ，第51页）

（4）联想近义词、反义词（简称"近/反义"）

例8

写出近义词：突然—；写出反义词：远—。（《博雅》Ⅱ，第65、34页）

（5）在句子中使用（简称"句子"）

例 9

造句：简单—；热闹—。

例 10

组词成句：大部分、都、北方人、吃、饺子、喜欢。

例 11

把词语放在句中合适的位置：刘明 A 是 B 中国人，C 李军 D 是中国人。（也）

例 12

选词填空：能、会。

① 玛丽病了，不（　　）来上课。② 我不（　　）包饺子。

（《博雅》Ⅰ，第 43、133、153 页；《博雅》Ⅱ，第 51 页）

（6）串成故事（简称"故事"）

例 13

选词填空：太极拳、报名、重新、跑步、锻炼。

来中国以后，我每天学习，不（　　），身体很不好。最近，我（　　）开始锻炼，每天早上起来打（　　），睡觉以前去（　　），所以，我的身体又好了。下个月学校有运动会，我也（　　）了。（《博雅》Ⅰ，第 179 页）

例 14

故事时间

鼠妈妈："你喝什么？"　　鼠宝宝 1："可乐。"

鼠妈妈："你吃什么？"　　鼠宝宝 2："春卷。"

（大猫来了，鼠宝宝们仓皇而逃。只有鼠妈妈没有看见，还在继续问。）

鼠妈妈："你吃什么？"　　大猫（扑过去）："你!"

（《乐园》1B，第 61 页）

（7）听音、辨音、分析发音（简称"听辨"）

例 15

听后选择：tiěpén — tiěwǎn。（《博雅》Ⅰ，第 170 页）

例 16

给词语标写声调：汉字（hanzi）；生词（shengci）；语法（yufa）。（《博雅》Ⅰ，第 12 页）

（8）朗读

例 17

词汇发音练习：māma；bàba；dìdi；jiějie。（《听说读写》1，第 62 页）

（9）利用词根词缀（简称"词根/缀"）

例 18

写出带"员"的词语：推销员、_____、_____。（《博雅》Ⅱ，第 157 页）

（10）按词类（简称"词类"）

例 19

填量词：一（　）词典；一（　）汽水；一（　）啤酒。（《博雅》Ⅰ，第 70 页）

（11）用目的语解释（简称"解释"）

例 20

描述一种水果的样子。（《博雅》Ⅱ，第 53 页）

（12）通过成语、习语、谚语等巩固其中的词汇（简称"成语"）

例 21

完成下列词汇：家喻_____晓。（《教程》3 下，第 191 页）

学生通过学习成语"家喻户晓"，巩固了量词"户"。

（13）利用身体动作（简称"动作"）

例 22

猜词活动。老师举词卡"鸟"，问："这是什么动物？"学生甲（看词卡），使用身体动作比划；学生乙（不看词卡），说出"鸟"。（《乐园》2B，第 17 页）

（14）利用空间位置（简称"空间"）

例 23

利用空间位置的"上、中、下"，呈现方位词"上、中、下"。（《轻松》2，第 41 页）

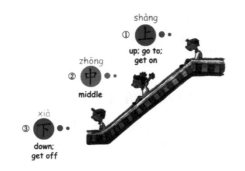

图 7-1 《轻松学汉语》2 关于方位词"上""中""下"的练习

7.3.2 记忆策略在教材练习中的分布

各种记忆策略在教材练习中的分布如何？我们统计了 14 种记忆策略的数量和比例。先看儿童练习的情况。

表 7-5   各种记忆策略在儿童练习中的分布   单位：次,%

策略类别	《乐园》		《轻松》		平均值	
	频数	占比	频数	占比	频数	占比
图片	115	29.9	417	27.1	266	27.7
经历	5	1.3	49	3.2	27	2.8
语义场	45	11.7	294	19.1	170	17.6

续表

策略类别	《乐园》		《轻松》		平均值	
	频数	占比	频数	占比	频数	占比
近/反义	0	0.0	23	1.5	12	1.2
句子	99	25.8	308	20.0	204	21.2
故事	31	8.1	53	3.4	42	4.4
听辨	0	0.0	2	0.1	1	0.1
朗读	31	8.1	70	4.5	51	5.2
词类	45	11.7	310	20.1	178	18.5
解释	3	0.8	1	0.1	2	0.2
成语	3	0.8	0	0.0	2	0.2
动作	7	1.8	11	0.7	9	0.9
空间	0	0.0	2	0.1	1	0.1
总计	384	100	1540	100	962	100

表 7 - 5 显示出，14 种记忆策略在儿童练习中的使用特点。

（1）14 种策略，儿童练习共使用了 13 种策略，但唯独没有使用"词根/缀"策略。

（2）其中，高频策略（前 4 位）为：图片（27.7%）、句子（21.2%）、词类（18.5%）、语义场（17.6%）。

（3）低频策略（末 4 位）分别是：解释（0.2%）、成语（0.2%）、听辨（0.1%）、空间（0.1%）。

再看成人练习的情况。

表 7 - 6　　　　　各种记忆策略在成人练习中的分布　　　单位：次,%

策略类别	《博雅》		《教程》		《听说读写》		平均值	
	频数	占比	频数	占比	频数	占比	频数	占比
图片	31	4.6	11	1.1	77	13.8	39.7	5.15
经历	23	3.4	17	1.6	34	6.1	24.7	3.20

策略类别	《博雅》		《教程》		《听说读写》		平均值	
	频数	占比	频数	占比	频数	占比	频数	占比
语义场	49	7.2	37	3.6	63	11.3	49.7	6.44
近/反义	6	0.9	36	3.5	5	0.9	15.7	2.04
句子	336	49.6	443	42.7	204	36.5	327.7	42.49
故事	96	14.2	83	8.0	22	3.9	67.0	8.69
听辨	6	0.9	84	8.1	0	0.0	30.0	3.89
朗读	31	4.6	95	9.2	10	1.8	45.3	5.87
词根/缀	1	0.1	1	0.1	0	0.0	0.7	0.09
词类	98	14.5	184	17.7	144	25.8	142.0	18.41
解释	1	0.1	0	0.0	0	0.0	0.3	0.04
成语	0	0.0	46	4.4	0	0.0	15.3	1.98
总计	678	100	1037	100	599	100	771.3	100.00

表 7-6 显示出，14 种记忆策略在成人练习中的使用特点如下。

（1）14 种策略，成人练习共使用了 12 种策略，没有使用"动作"策略和"空间"策略。

（2）高频策略（前 4 位）为：句子（42.49%）、词类（18.41%）、故事（8.69%）、语义场（6.44%）。这说明，这四种策略，是教材练习最重视的。

（3）低频策略（末 4 位）为：近/反义（2.04%）、成语（1.98%）、词根/缀（0.09%）、解释（0.04%）。可见，利用词根词缀进行派生的方法，在教材中的比例相当低；这说明，教材对派生法重视不够。

7.4　建议

7.4.1　针对汉语作为二语儿童教材的建议

本书第三章针对母语儿童的个案观察报告和群案测试清晰地显示，母语儿童在 7 岁时就已发展出了使用前替换（如：好人，坏人）进行词间联想的能力。本章所考查的两部儿童汉语教材（《轻松》《乐园》）是供汉语作为二语的儿童使用的，既然儿童 7 岁时就已习得前替换（也即后缀派生法）的能力，那无论是母语儿童教材还是二语儿童教材，均可以适当使用"词根/缀"策略，来帮助儿童巩固已学表人派生词。比如，可让儿童使用前替换（后缀派生法）的方式进行词语接龙。

7.4.2　针对汉语作为二语成人教材的建议

本书第六章针对二语成人的教学实验清楚地显示，清晰的派生构词法规则，不仅有助于即时条件下的词汇产出，更重要的是，还有助于抵抗时间的推移和记忆的消退。因此，传统的字本位教学，也就是以语素为本位的教学，是不该被忽视的；其中，词根词缀组合成词的规则，应该得到足够的重视。但本章节，我们对成人教材（包括国内、海外）的练习进行的考察显示：对词根词缀如何组合成词，教材练习操练得相当少；同时，题型也比较单调，仅仅是让学生填"X"，比如"使用'＿＿＿家、＿＿＿员'组词"。

然而，本书第五章针对"X 人"词族的习得考察就显示，二语者常常使用自然度高的"人"代替自然度低的"员""者""子"等。因此，练习还可以让学生填写 N，比如：居＿＿＿（民）、读＿＿＿（者）、傻＿＿＿（子）、运动＿＿＿（员）。

7.5 本章创新点小结

本章使用 Schmitt 的词汇巩固理论，考察了 5 部经典国际汉语教材（其中，儿童教材 2 部，成人教材 3 部）的练习部分。考察发现：

（1）儿童教材，没有使用"利用词根词缀"策略。

（2）成人教材，"利用词根词缀"为低频策略。

这说明，"词根/缀"策略，没有得到教材编者应有的重视。我们的建议如下：

（1）根据本书第三章针对母语儿童的个案观察报告，儿童在 7 岁时就已获得利用词根词缀法进行词间联想的能力。故儿童二语教材练习部分，有必要适当运用"词根/缀"策略，来帮助儿童巩固已学表人派生词。

（2）根据本书第六章针对二语成人的教学实验结果，清晰的词法规则，有助于抵抗记忆的消退。故成人二语教材练习部分，有必要增加"词根/缀"策略的使用频次，以帮助二语成人更好地记忆表人派生词。

第 八 章

结　　语

8.1　主要结论及创新点

本书以"X + N"表人派生词为研究范围，考察了它们的二语习得过程与习得顺序。同时，为更好地展现二语习得与母语习得的共性、二语习得独有的个性，我们对儿童母语习得进行了对应的考察，作为参照。

本书使用纵向个案跟踪（包括二语者个案跟踪、母语儿童个案跟踪）、大规模横向群案测试（包括对二语者的测试、对母语儿童的测试）、教学实验、访谈法，考察了"X + N"的习得顺序和习得过程；从第二语言习得、偏误分析、普通语言学、对比语言学、语言类型学、认知心理学等角度，解释二语与母语习得的共性、二语习得的个性；并对词根词缀派生法在现行国际汉语经典（儿童、成人）教材练习部分的使用情况，进行了定量统计分析。本书主要结论及创新点如下。

第一，基于词间联想活动的个案跟踪和群案测试显示，在整个语言发展过程中，二语者与母语者呈现出一些普遍特征。

（1）常用提取法有亲属法（如"妈妈、爸爸"）、职业法（如"老师、警察"）、前替法（如"中国人、美国人"）、后替法（如

"老人、老师")四种。

（2）前替法的使用频数最高。这说明，后缀派生构词法的在词汇产出活动中起着至关重要的作用。亲属法的连续产词数最多。

（3）学习时间只影响提取法的使用频数（如初级阶段，使用前替换法1次；高级阶段，使用前替换法4次），但不影响提取法的连续产词数（如无论是初级还是高级，前替换法连续产词数均为3个）。

对比二语者与母语者，产词数量上：

初级阶段，二语者多于母语者；而到了高级，情况正好相反，母语者多于二语者。这既归因于母语者的"词汇、提取法双习得"和二语者的"词汇单习得"，也归因于母语者的"概念、音响形象双习得"和二语者的"音响形象单习得"。

比较越语、韩语、英语三类母语背景的学习者，发现：

（1）在初级到高级的整个发展过程中，提取法的使用频率上，英语母语者，前替、后替两法增长迅猛；越语母语者，仅后替法增长迅猛，而前替法增长缓慢；韩语母语者，则没有出现增长迅猛的情况。这是受到了母语构词法的影响：英语主要使用派生构词法，故在英语母语者的心理词汇中，汉语表人名词主要按前替换或后替换的方式组成网络。越南语名词采用"正＋偏"式构词法，故在越语母语者的心理词汇中，汉语表人名词主要按后替换的方式组成网络。这种母语词法结构对汉语习得的影响，仅作用于较高级别的学习者。

（2）韩语母语者对亲属法有很强的倾向性，在初级阶段尤为明显。这是因为，韩语的亲属称谓词系统比汉语、越语和英语都要庞大繁复，故在韩语母语者的心理词汇中，汉语表人词语更多地按亲属关系组成网络。这种母语词汇繁复程度对汉语习得的影响，主要作用于较低级别的学习者。

第二，考察 38 个 N 的习得发展过程，发现二语者和母语者呈现出如下的共性。

（1）N1（实义，如"大哥"中的"哥"）的习得早于 N2（类化义，如"帅哥"中的"哥"）的习得，或两者同时；但 N2 的习得绝不会早于 N1 的习得。这说明，N 的习得过程，是从实义向类化义的发展过程。该过程，与 N 的语义泛化过程一致。

（2）N3（羡余义，如"孩子家"中的"家"）的习得早于 N2（类化义，如"音乐家"中的"家"）的习得，或两者同时；但 N2 绝不会早于 N3。可见，N 的习得过程，并不是从类化义向羡余义的发展过程。这与 N 的语义泛化过程相悖。

据此，我们对现代汉语本体中"N1（实义，词根）""N2（类化义，类词缀）""N3（羡余义，词缀）"的关系问题，提出了新的思考：N1、N2、N3 可能并不同族；换句话说，N 的历时发展很可能并不是从"实"到"部分虚空"再到"完全虚空"的发展过程。论文认为，N1（实义）和 N2（类化义）的确同源；但 N1（实义）、N2（类化义）与 N3（羡余义）并不同源，它们很可能只是同形语素。

第三，总结出 N 的二语习得顺序。

初级（共47个）：人1（男人）、人3（客人）、民1（市民）、族1（汉族）、子1（长子）、子3（儿子）、士1（将士）、士2（护士）、夫1（姐夫）、生1（男生）、生2（医生）、汉1（硬汉）、佬1（阔佬）、匠1（木匠）、匠2（巨匠）、工1（泥工）、工2（职工）、客1（游客）、师1（导师）、师2（会计师）、徒1（学徒）、友1（校友）、员1（会员）、员2（演员）、迷（球迷）、鬼（烟鬼）、手（鼓手）、头1（工头）、头2（老头）、家1（船家）、家2（科学家）、家3（老人家）、户1（船户）、才1（将才）、虫1（糊涂虫）、虫2（书虫）、蛋（混蛋）、派（学派）、星（明星）、爷1（大爷）、哥1（大哥）、姐1（大姐）、妹1（小妹）、嫂1（大嫂）、翁1（渔翁）、翁2（富翁）、者（记者）。

中级（18个）：族2（上班族）、子2（胖子）、夫2（车夫）、丁1（壮丁）、丁2（园丁）、汉2（门外汉）、佬2（美国佬）、倌1（羊倌）、倌2（老倌）、客2（黑客）、徒2（匪徒）、友2（球友）、盲（文盲）、才2（庸才）、棍（光棍）、哥2（帅哥）、姐2（的姐）、妹2（打工妹）。

高级（4个）：人2（音乐人）、民2（烟民）、户2（暴发户）、嫂2（空嫂）。

第四，考察"X人"词族的习得，发现：

（1）"X人"词族的习得过程，是X从单音节向双音节甚至再到多音节的扩散过程（如从"老人"到"老年人"再到"中老年人"）。X扩散的起点，是某几个高频X，但二语者与母语者并不相同：二语从"男、女、中国"开始扩散；母语者从"好、坏、大、小"开始扩散。

（2）无论是汉语儿童还是二语者，在面对"X＋N"词法模式时，更愿意选择自然度高的"人"作为N，放弃自然度低的"员、者、子"等，如"*运动人、*读人、?疯人、*上班人"。自然度是"人"在多选竞争中战胜其他N（如"员、者、子"等）的原因。

（3）过度类推泛化与语义透明度的凸显程度，可能是不同背景的二语者与汉语儿童都创造出"表人名词＋人"偏误词（如"*妈妈人"）的原因。

第五，"VP＋者"的语素教学实验显示：在即时条件下，有词法规则处理（接受式、发现式）与无词法规则处理（背诵式）对二语者学习"VP＋者"都有促进作用，且作用相当。但在延时条件下，两种有规则的处理（接受式、发现式）仍然保留促进作用，但无规则处理（背诵式）的促进作用消失；两种有规则的处理中，接受式处理显著优于发现式处理。

事后访谈及分析显示：

（1）在即时测试条件下，尽管三种教学处理对产词的促进效果相当，但所产词汇的来源不同；被试在产词时进行的认知加工也不同。机械背诵主要促进"联结加工"，少量促进"激活加工"，不促进"创造性加工"；而构词规则不但促进"联结加工"，也促进"激活加工"和"创造性加工"。

（2）在延时测试条件下，尽管三种教学处理对词汇产出的促进效果不同，但机械背诵与联结加工的对应关系不变；构词规则对激活加工和创造性加工的促进作用不变。

（3）无论是哪种教学处理方式，无论是即时还是延时条件下，联结加工都是最主要的认知加工方式。

第六，使用 Schmitt 的词汇巩固策略理论，对 5 部经典国际汉语教材（儿童教材 2 部、成人教材 3 部）的练习部分进行的考察显示：（1）儿童教材，没有使用"利用词根词缀"策略。（2）成人教材，"利用词根词缀"为低频策略。根据本书第三章针对母语儿童的个案观察报告，儿童 7 岁时就已获得利用词根词缀法进行词间联想的能力。故儿童二语教材练习部分，有必要适当运用"词根/缀"策略。根据本书第六章针对二语成人的教学实验结果，清晰的词法规则，有助于抵抗记忆的消退。故成人二语教材练习部分，有必要增加"词根/缀"策略的使用频次。

8.2 不足及研究展望

限于时间和能力，本书仍存在一些问题未能解决：本书的研究范围为 38 个 N，而深入挖掘的只有"X + 人"和"VP + 者"。其余 N，可能表现出不同的特性。这是今后需要继续努力的。

参考文献

著作

卞成林：《汉语工程词论》，山东大学出版社 2000 年版。

陈保亚：《20 世纪中国语言学方法论》，山东教育出版社 1999 年版。

陈秋祥、许威汉主编：《汉字古今义合解字典》，上海教育出版社 2002 年版。

董秀芳：《汉语的词库与词法》，北京大学出版社 2004 年版。

[瑞士] 费尔迪南·德·索绪尔：《普通语言学教程》，高名凯译，商务印书馆 2002 年版。

傅兴岭、陈章焕主编：《常用构词字典》，中国人民大学出版社 1982 年版。

桂诗春编著：《新编心理语言学》，上海外语教育出版社 2002 年版。

胡裕树：《现代汉语》，上海教育出版社 1995 年版。

黄伯荣、廖序东主编：《现代汉语》，高等教育出版社 1997 年版。

黄敏中、傅成劼：《实用越南语语法》，北京大学出版社 1997 年版。

蒋宗许：《汉语词缀研究》，四川出版集团巴蜀书社 2009 年版。

李丹主编：《儿童发展心理学》，华东师范大学出版社 1987 年版。

李晓琪主编，徐晶凝、任雪梅编著：《博雅汉语　初级起步篇》Ⅰ、

Ⅱ，北京大学出版社 2005 年第 1 版。

梁宁建：《当代认知心理学》，上海教育出版社 2003 年版。

刘富华、王巍、周芮安等编：《汉语乐园》，北京语言大学出版社 2005 年版。

刘月华、姚道中主编：《中文听说读写》LEVEL 1 PART 1、2，美国 Cheng & Tsui Company 出版，2009 年版。

陆丙甫：《核心推导语法》，上海教育出版社 1993 年版。

陆志韦等：《汉语的构词法》（修订本），科学出版社 1957 年版。

吕叔湘：《汉语语法分析问题》，商务印书馆 1979 年版。

马建忠：《马氏文通》，商务印书馆 1898 年版。

马亚敏主编：《轻松学汉语》（少儿版）1、2、3、4，三联书店（香港）有限公司 2005 年版。

盛炎：《语言教学原理》，重庆出版集团重庆出版社 1990 年版。

王力：《汉语史稿》，科学出版社 1958 年版。

王力：《汉语史稿》，中华书局 2004 年版。

王力主编：《古汉语字典》，中华书局 2000 年版。

杨寄洲主编：《汉语教程 一年级教材》1、2、3，北京语言大学出版社 2006 年版。

杨治良、郭力平、王沛、陈宁编著：《记忆心理学》（第二版），华东师范大学出版社 1999 年版。

张斌主编：《现代汉语》，复旦大学出版社 2002 年版。

周小兵、朱其智、邓小宁：《外国人学汉语语法偏误研究》，北京语言大学出版社 2007 年版。

朱德熙：《语法讲义》，商务印书馆 1982 年版。

［美］David R. Shaffer：《发展心理学——儿童与青少年》（第六版），邹泓等译，中国轻工业出版社 2005 年版。

Rod Ellis, *Understanding Second Language Acquisition*，上海外语教育

出版社 1985 年版。

Ashcraft, Mark H. , *Cognition*, New Jersey: Prentice Hall, 2002.

Christensen, P. R. and Guilford, J. P. , *Word Fluency*, *Form A*, Beverly Hills, CA: Sheridan Supply, 1958.

Cohen, A. D. , *Language Learning*, Boston: Heinle and Heinle Publisher, 1990.

Duly, H. , Burt, M. , Krashen, S. , *Language Two*, New York: Oxford University Press, 1982.

Hatch, E. , *Psycholinguistic: a Second Language Perspective*, Rowley, Mass: Newbury House, 1983.

Krashen, S. , *Principles and practice in second language acquisition*, Oxford: Pergamon, 1982.

Lado, R. , *Linguistics Across Cultures: Applied Linguistics for Language Teachers*, Ann Arbor: University of Michigan Press, 1957.

Lenneberg, E. H. , Chomsky, N. , & Marx, O. , *Biological foundations of language*, New York: Wiley and Sons, 1967.

Lewis, M. , *The Lexical Approach*, London: Language Teaching Publications, 1993.

McCarthy, M. , *Vocabulary*, Oxford: OUP, 1990.

Nation, I. S. P. , *Teaching and Learning Vocabulary*, Boston: Heile & Heile Publisher, 1990.

Oxford, R. L. , *Language learning strategies: What every teacher should know*, Boston: Newbury House, 1990.

Stephen D. Krashen, *The Input Hypothesis: Issues and Implications*, London: Longman, 1985.

Wikins, D. A. , *Linguistics in Language Teaching*, London: Edward Arnold, 1978.

期刊论文：

陈珺、周小兵：《比较句语法项目的选取和排序》，《语言教学与研究》2005 年第 2 期。

陈贤纯：《对外汉语中级阶段教学改革构想——词语的集中强化教学》，《世界汉语教学》1999 年第 4 期。

郭良夫：《现代汉语的前缀和后缀》，《中国语文》1983 年第 4 期。

郭熙：《对汉语中父亲称谓系列的多角度考察》，《中国语文》2006 年第 2 期。

郭作飞：《从历时平面看汉语词缀演化的一般规律——以"老"、"子"为例》，《西北农林科技大学学报》（社会科学版）2005 年第 1 期。

郭作飞：《汉语词缀形成的历史考察——以"老"、"阿"、"子"、"儿"为例》，《内蒙古民族大学学报》（社会科学版）2004 年第 6 期。

何干俊：《对英语国家留学生汉语教学中的词汇问题的探讨》，《江西师范大学学报》2002 年第 3 期。

江新：《词汇习得研究及其在教学上的意义》，《语言教学与研究》1998 年第 3 期。

江新：《汉语作为第二语言学习策略初探》，《语言教学与研究》2000 年第 1 期。

靳洪刚、章吟：《"选择性注意"与"差异效应"在汉语"得"字方式补语习得中的作用》，《世界汉语教学》2009 年第 4 期。

孔令达、周国光、李向农：《1—5 岁儿童使用结构助词"的"的情况的调查和分析》，《心理科学》1990 年第 6 期。

孔令达、周国光、李向农：《儿童动态助词"过"习得情况的调查和分析》，《语言文字应用》1993 年第 4 期。

李晋霞、李宇明：《论词义的透明度》，《语言研究》2008 年第
　　3 期。

李蕊、周小兵：《对外汉语教学助词"着"的选取与排序》，《世界
　　汉语教学》2005 年第 1 期。

李向农、周国光、孔令达：《1—5 岁儿童运用方位句及方位介词情
　　况的调查分析》，《心理科学》1992 年第 3 期。

李向农、周国光、孔令达：《2—5 岁儿童运用"把"字句情况的初
　　步考察》，《语文研究》1990 年第 4 期。

李向农、周国光、孔令达：《儿童比较句和介词"比"习得状况的
　　考察和分析》，《语文建设》1991 年第 5 期。

刘春梅：《HSK 表人同义名词的辨析角度》，《湖南师范大学社会科
　　学学报》2006 年第 5 期。

刘平、孟庆娟：《第一语言与第二语言词汇习得顺序研究》，《沈阳
　　大学学报》2006 年第 3 期。

刘艳平：《〈现代汉语词典〉和〈汉语水平语法等级大纲〉词缀比
　　较——兼论对外汉语教学词缀、类词缀的范围》，《云南师范大学
　　学报》（对外汉语教学与研究版）2009 年第 5 期。

柳士镇：《试论中古语法的历史地位》，《南京大学学报》（哲学・
　　人文科学・社会科学）2001 年第 5 期。

吕叔湘：《说"自由"和"黏着"》，《中国语文》1962 年第 1 期。

彭小川、许琨：《汉语二语教学中教学手段运用的针对性问题》，
　　《华文教学与研究》2010 年第 1 期。

齐沪扬、邵洪亮：《新词语可接受度的多角度审视——兼谈新词语
　　的规范问题》，《上海师范大学学报》（哲学社会科学版）2008 年
　　第 2 期。

沈阳：《现代汉语复合词的动态类型——谈谈语言教学中的一种词
　　汇/语法单位范畴》，《语言教学与研究》1997 年第 2 期。

施家炜:《国内汉语第二语言习得研究二十年》,《语言教学与研究》2006 年第 1 期。

宋刚:《国外第二语言词汇习得研究综述》,《语言教学与研究》2002 年第 1 期。

孙晓明:《国内外第二语言词汇习得研究综述》,《语言教学与研究》2007 年第 4 期。

佟秉正:《初级汉语教材的编写问题》,《世界汉语教学》1991 年第 1 期。

汪洪澜:《汉英构词法比较》,《固原师专学报》1995 年第 2 期。

汪洪澜:《汉英派生词比较研究》,《宁夏大学学报》(哲学社会科学版)1997 年第 4 期。

王光全:《构词域与后缀"－子"的语义问题》,《世界汉语教学》2009 年第 3 期。

王洪君:《试论汉语的节奏类型——松紧型》,《语言科学》2004 年第 3 期。

王洪君、富丽:《试论现代汉语的类词缀》,《语言科学》2005 年第 5 期。

王建勤:《表差异比较的否定结构的习得过程》,《世界汉语教学》1999 年第 4 期。

王建勤:《汉语作为第二语言学习者习得过程研究评述》,《北京师范大学学报》(社会科学版)2006 年第 3 期。

王茂春:《现代汉语"VP＋者"成立的几个条件》,《四川师范大学学报》(社会科学版)2003 年第 6 期。

王士元:《语言变化的词汇透视》,《语言研究》1982 年第 2 期。

王新菊:《第二语言学习策略研究综述》,《新疆大学学报》(哲学·人文社会科学版)2008 年第 3 期。

王云路、郭颖:《试说古汉语中的词缀"家"》,《古汉语研究》

2005 年第 1 期。

吴门吉、周小兵：《意义被动句与"被"字句习得难度比较》，《汉语学习》2005 年第 1 期。

吴勇毅：《汉语作为第二语言语法教学的"语法词汇化"问题》，《暨南大学华文学院学报》2002 年第 4 期。

吴勇毅：《意大利学生汉语口语学习策略使用的个案研究》，《世界汉语教学》2008 年第 4 期。

肖奚强：《外国学生"除了"句式使用情况的考察》，《语言教学与研究》2005 年第 2 期。

肖奚强、周文华：《外国学生汉语趋向补语句习得研究》，《汉语学习》2009 年第 1 期。

徐彩华、李镗：《语义透明度影响儿童词汇学习的实验研究》，《语言文字应用》2001 年第 1 期。

徐开妍、肖奚强：《外国学生汉语代词照应习得研究》，《语言文字应用》2008 年第 4 期。

徐正考、史维国：《语言的经济原则在汉语语法历时发展中的表现》，《语文研究》2008 年第 1 期。

杨德峰：《朝鲜语母语学习者趋向补语习得情况分析——基于汉语中介语语料库的研究》，《暨南大学华文学院学报》2003 年第 4 期。

杨德峰：《日语母语学习者趋向补语习得情况分析——基于汉语中介语语料库的研究》，《暨南大学华文学院学报》2004 年第 3 期。

杨德峰：《英语母语学习者趋向补语的习得顺序——基于汉语中介语语料库的研究》，《世界汉语教学》2003 年第 2 期。

杨贺：《汉语词缀的形成及其特征》，《山东大学学报》（哲学社会科学版）2009 年第 4 期。

杨惠元：《论〈速成汉语初级教程〉的练习设计》，《语言教学与研究》1997 年第 3 期。

杨惠元：《强化词语教学淡化句法教学——也谈对外汉语教学中的语法教学》，《语言教学与研究》2003 年第 1 期。

杨锡彭：《关于词根与词缀的思考》，《汉语学习》2003 年第 2 期。

张博：《第二语言学习者汉语中介语易混淆词及其研究方法》，《语言教学与研究》2008 年第 6 期。

张博：《先秦形容词后缀"如、若、尔、然、焉"考察》，《宁夏大学学报》1992 年第 4 期。

张和生：《外国学生汉语词汇学习状况计量研究》，《世界汉语教学》2006 年第 1 期。

张金桥：《汉语词汇直接学习与间接学习效果比较——以词表背诵法和文本阅读法为例》，《汉语学习》2008 年第 3 期。

郑良伟：《词汇扩散理论在句法变化里的应用——兼谈台湾官话"有"字句的句法变化》，《语言教学与研究》1990 年第 1 期。

周国光：《1—5 岁儿童使用双宾结构状况的考察》，《心理科学》1997 年第 2 期。

周国光：《词汇的心理属性和词汇的体系性》，《华南师范大学学报》（社会科学版）2003 年第 1 期。

周国光：《儿童使用否定词"不"及其相关否定结构状况的考察》，《语言文字应用》2002 年第 11 期。

周国光：《儿童习得副词的偏向性特点》，《汉语学习》2008 年第 8 期。

周国光：《儿童语言习得理论的若干问题》，《世界汉语教学》1999 年第 3 期。

周国光：《儿童语言中"VP 的"的结构表转指状况的考察》，《世界汉语教学》1997 年第 2 期。

周国光：《儿童语言中的连谓结构和相关的句法问题》，《中国语文》1998 年第 3 期。

周国光：《汉语儿童习得述宾结构状况的考察》，《语言文字应用》
1996 年第 3 期。

周国光：《汉族儿童习得联合结构状况的考察》，《安徽师大学报》
（哲学社会科学版）1997 年第 3 期。

周国光、范崇峰：《汉语词汇语义系统研究方法论》，《江苏大学学
报》（社会科学版）2011 年第 5 期。

周国光、孔令达、李向农：《1—5 岁儿童使用介词"给"情况的调
查和分析》，《安徽师大学报》1991 年第 2 期。

周国光、孔令达、李向农：《儿童语言中的被动句》，《语言文字应
用》1992 年第 1 期。

周国光、梁国英：《汉族儿童习得现在汉语领属范畴状况的考察》，
《语言文字应用》2007 年第 4 期。

周健、唐玲：《对汉语教材练习设计的考察与思考》，《语言教学与
研究》2004 年第 4 期。

周榕、吕丽珊：《输入增显与任务投入量对英语词汇搭配习得影响
的实证研究》，《现代外语》2010 年第 1 期。

朱德熙：《自指和转指——汉语名词化标记"的、者、所、之"的
语法功能和语义功能》，《方言》1983 年第 1 期。

朱茂汉：《名词后缀"子"、"儿"、"头"》，《安徽师大学报》（哲
学社会科学版）1982 年第 1 期。

朱亚军：《现代汉语词缀的性质及其分类研究》，《汉语学习》2001
年第 2 期。

Chen, M. Y. , and Wang, W. S. – Y. , "Sound change: actuation and
implementation", *Language* 1975, 51（2）.

Craik, F. I. M. and Lockhart, R. S. , "Levels of processing: a frame-
work for memory research", *Journal of Verbal Learning and Verbal Be-*

havior, 1972, 11.

Craik, F. I. M. and Tulving, E. , "Depth of processing and the retention of words in episodic memory", *Journal of Experimental Psychology*, 1975, 104.

Doughty, C. , "Second language instruction does make a difference", *Studies in Second Language Acquisition*, 1991 (4), 13.

Dulay, H. & M. Burt. , "Should we teach children syntax?" *Language learning*, 1973, 23.

Ellis, Rod. , "Modified oral input and the acquisition of word meanings", *Applied Linguistics*, 1995, 16.

Guilford, J. P. , "Creativity", *American Psychologist*, 1950, 5.

Izumi, S. , "Output, input enhancement, and the noticing hypothesis: An experimental study on ESL relativization", *Studies in Second Language Acquisition*, 2002, 24 (4).

Melka Teichroew, F. J. , "Receptive versus productive vocabulary: a survey", *Interlanguage Studies Bulletin*, 1982, 6.

Nation, I. S. P. , "The combining arrangement: some techniques", *English Teaching Forum*, 1979, 17 (1).

Richards, J. C. , "The role of vocabulary teaching", *TESOL Quarterly*, 1976, 10.

Rott, S. , "The effect of frequency of input enhancements on word learning and text comprehension", *Language Learning*, 2007, 57.

Rutherford, W. , "Markedness in second language acquisition", *Language Learning*, 1982, 32.

Wang, W. S – Y. , "Competing Changes as a cause of residue", *Language*, 1969, 45 (1).

William, J. N. , "Memory, attention, and inductive learning", *Studies in Second Language Acquisition*, 1999, 21（1）.

析出文献:

晁继周:《二十世纪的现代汉语词汇学》, 载晁继周《语文词典论集》, 商务印书馆 2005 年版。

李华:《单音节表人名词的缀化及构词特征》, 载张博主编《基于中介语语料库的汉语词汇专题研究》, 北京大学出版社 2008 年版。

吕文华:《建立语素教学的构想》, 载《第六届国际汉语教学讨论会论文选》, 北京大学出版社 2000 年版。

史慧中:《3—6 岁儿童语言发展与教育》, 载《中国儿童青少年心理发展与教育》, 中国卓越出版公司 1990 年版。

孙茂松、王洪君、董秀芳:《〈信息处理用现代汉语分词词表〉规范》, 载《语言计算与基于内容的文本处理》, 清华大学出版社 2003 年版。

王绍新:《谈谈后缀》, 载《语言学论丛》第 17 辑, 商务印书馆 1992 年版。

Ahmed, O. , "Vocabulary learning strategies", in P. Meara（ed.）*Beyond Words*, September 1989.

Cook, L. K. and R. E. Mayer. , "Reading strategies training for meaningful learning from prose", in M. Pressley and J. R. Levin（eds.）*Cognitive Strategy Research*, New York: Springer Verlag, 1983.

Dansereau, D. F. , "Cooperative learning strategies", in C. E. Weinstein, E. T. Goetz and P. A. Alexander（eds.）*Learning and Study Strategies: Issues in Assessment, Instruction, and Evaluation*, New York: Academic Press, 1988.

Dulay, H. C. & M. K. Burt. , "You can't learn without goofing: an analysis of children's second language 'errors'", J. C. Richards（ed.）

Error Analysis：*Perspectives on second language acquisition*，London：Longman，1974.

Hakuta，K.，"Some common goals for second and first language acquisition research"，in Roger Andersen（ed.），*New Dimensions in Second Language Acquisition Research*，Rowley，Mass：Newbury House Publishers，1981.

Meara，P.，"The dimensions of lexical competence"，in Gillian，B.，Malmkjoer，K. and Willians，J（eds.）*Performance and Competence in Second Language Acquisition*，Cambridge：Cambridge University Press，1996.

Norbert Schmitt，"Vocabulary Learning Strategies"，in Norbert Schmitt & Michael McCarthy（eds.）*Vocabulary*：*description*，*acquisition and pedagogy*，上海外语教育出版社，2002.

Sokmen.，A. J.，"Current trends in teaching second language vocabulary"，in N. Schmitt & MceCarthy（eds.）*Vocabulary*：*Description*，*Acquisition and Pedagogy*，Cambridge：Cambridge University Press，1997.

Thompson，I.，"Memory in language learning"，in A. Wenden and J. Rubin（eds.）*Learner Strategies in Language Learning*，New York：Prentice Hall，1987.

学位论文：

富丽：《现代汉语类词缀研究——兼论附缀字组的成词及词库收词问题》，硕士学位论文，北京大学，2001 年。

洪炜：《汉语作为第二语言的近义词习得研究》，博士学位论文，中山大学，2011 年。

胡雯：《英汉亲属称谓及虚构亲属称谓对比研究》，硕士学位论文，武汉理工大学，2008 年。

李华：《现代汉语表人名词后缀、类后缀考察》，硕士学位论文，北京语言大学，2003 年。

刘娅莉：《英汉构词后缀 " – er "" – 者 " 的对照分析》，硕士学位论文，四川大学，2006 年。

刘宇菲：《 " 子 " 词缀的形成与发展》，硕士学位论文，宁波大学，2011 年。

阮氏翠幸：《现代汉语与越南语亲属称谓语对比研究及其文化内涵》，硕士学位论文，西南师范大学，2004 年。

涂茵梦：《汉语后缀 " 者 "" 家 " 与土耳其语 " – ci " 对比研究》，博士学位论文，厦门大学，2011 年。

王瑞：《母语为英语的汉语学习者词汇心理表征发展过程与造词偏误的心理机制研究》，博士学位论文，北京语言大学，2009 年。

吴勇毅：《不同环境下的外国人汉语学习策略研究》，博士学位论文，上海师范大学，2007 年。

杨可人：《现代汉语类后缀的语法语义研究》，硕士学位论文，北京语言大学，2006 年。

赵钟淑：《中韩现代亲属称谓语研究》，博士学位论文，山东大学，2008 年。

Stoffer, I., University foreign language students' choice of vocabulary learning strategies as related to individual difference variables, University of Alabama: Unpublished PHD dissertation, 1995.

诱导性产词测试题

Name: _____

Class: _____

Male/Female

Nationality: _____

How long have you learned Chinese?

_____ Year (s) _____ Month (s)

Birth Year: 1960 – 1964/1965 – 1969/1970 – 1974/1975 – 1979/ 1980 – 1984/1985 – 1989/1990 – 1994/1995 – 1999 (Choose with "√")

您的作答将只用于研究，并会严格保密。请用 15 分钟做这个测试，并且不要查词典，也不要问别人。谢谢您的配合！

写出你知道的表示人的名词，越多越好（限15 分钟）。

Write down the NOUNS you know that refer to a PERSON/PEO-PLE. The more the better. (15 minutes only)

1. _____ 2. _____ 3. _____ 4. _____

5. _____   6. _____   7. _____   8. _____

9. _____   10. _____   11. _____   12. _____

13. _____   14. _____   15. _____   16. _____

17. _____   18. _____   19. _____   20. _____

21. _____   22. _____   23. _____   24. _____

25. _____   26. _____   27. _____   28. _____

29. _____   30. _____   31. _____   32. _____

33. _____   34. _____   35. _____   36. _____

37. _____   38. _____   39. _____   40. _____

41. _____   42. _____   43. _____   44. _____

45. _____   46. _____   47. _____   48. _____

49. _____   50. _____   51. _____   52. _____

53. _____   54. _____   55. _____   56. _____

57. _____   58. _____   59. _____   60. _____

61. _____   62. _____   63. _____   64. _____

65. _____   66. _____   67. _____   68. _____

69. _____   70. _____   71. _____   72. _____

73. _____   74. _____   75. _____   76. _____

77. _____   78. _____   79. _____   80. _____

81. _____   82. _____   83. _____   84. _____

85. _____   86. _____   87. _____   88. _____

89. _____   90. _____   91. _____   92. _____

93. _____   94. _____   95. _____   96. _____

97. _____   98. _____   99. _____   100. _____

强制性产词测试题

您的作答将只用于研究，并会严格保密。请用 15 分钟做这个测试，并且不要查词典，也不要问别人。谢谢您的配合！

Name：_____

Class：_____

Male/Female

Nationality：_____

How long have you learned Chinese?

_____ Year（s）_____ Month（s）

用下列格式组成表示人的名词，越多越好（限15 分钟）。

Fill in the blanks to form a NOUN that refers to a PERSON/PEO-PLE. The more the better.（15 minutes only）

_____才、_____才、_____才、_____才

_____虫、_____虫、_____虫、_____虫

_____蛋、_____蛋、_____蛋、_____蛋

_____丁、_____丁、_____丁、_____丁

_____夫、_____夫、_____夫、_____夫

_____哥、_____哥、_____哥、_____哥
_____工、_____工、_____工、_____工
_____倌、_____倌、_____倌、_____倌
_____鬼、_____鬼、_____鬼、_____鬼
_____棍、_____棍、_____棍、_____棍
_____汉、_____汉、_____汉、_____汉
_____户、_____户、_____户、_____户
_____家、_____家、_____家、_____家
_____匠、_____匠、_____匠、_____匠
_____姐、_____姐、_____姐、_____姐
_____客、_____客、_____客、_____客
_____佬、_____佬、_____佬、_____佬
_____盲、_____盲、_____盲、_____盲
_____妹、_____妹、_____妹、_____妹
_____迷、_____迷、_____迷、_____迷
_____民、_____民、_____民、_____民
_____派、_____派、_____派、_____派
_____人、_____人、_____人、_____人
_____嫂、_____嫂、_____嫂、_____嫂
_____生、_____生、_____生、_____生
_____师、_____师、_____师、_____师
_____士、_____士、_____士、_____士
_____手、_____手、_____手、_____手
_____头、_____头、_____头、_____头
_____徒、_____徒、_____徒、_____徒
_____翁、_____翁、_____翁、_____翁
_____星、_____星、_____星、_____星

_____爷、_____爷、_____爷、_____爷

_____友、_____友、_____友、_____友

_____员、_____员、_____员、_____员

_____者、_____者、_____者、_____者

_____子、_____子、_____子、_____子

_____族、_____族、_____族、_____族